我的丈夫鲁迅先生

许广平 著

中国文史出版社
CHINA CULTURAL AND HISTORICAL PRESS

图书在版编目（CIP）数据

我的丈夫鲁迅先生 / 许广平著 . -- 北京 ： 中国文
史出版社，2025. 2. -- ISBN 978-7-5205-5075-8

Ⅰ . K825.6

中国国家版本馆 CIP 数据核字第 2025PT2638 号

责任编辑：张春霞

出版发行：中国文史出版社

社　　址：北京市海淀区西八里庄路 69 号院　　邮编：100142

电　　话：010-81136606　81136602　81136603（发行部）

传　　真：010-81136655

印　　装：北京地大彩印有限公司

经　　销：全国新华书店

开　　本：787mm×1092mm　1/16

印　　张：19.5

字　　数：194 千字

版　　次：2025 年 7 月北京第 1 版

印　　次：2025 年 7 月第 1 次印刷

定　　价：59.80 元

目录

第一辑

创作中，他光芒异彩

鲁迅先生的写作生活 / 002

鲁迅先生怎样对待写作和编辑工作 / 007

鲁迅与翻译 / 017

关于汉唐石刻画像 / 026

鲁迅先生的日记 / 040

鲁迅与中国木刻运动 / 043

鲁迅《病中通信》附记 / 061

《且介亭杂文末编》后记 / 063

《集外集拾遗》编后说明 / 065

《死魂灵》附记 / 068

《鲁迅全集》编校后记 / 070

《鲁迅书简》编后记 / 084

第二辑　与朋友，他生死不渝

我所敬的许寿裳先生 / 090

许寿裳《亡友鲁迅印象记》读后记 / 099

秋白同志和鲁迅相处的时候 / 103

悼念史沫特莱 / 106

忆萧红 / 109

追忆萧红 / 114

致袁家和（谈集邮）/ 123

第三辑　对生活，他一切都很简单

回忆鲁迅在广州的时候 / 126

景云深处是吾家 / 133

鲁迅先生的日常生活 / 138

鲁迅先生的娱乐 / 149

鲁迅先生的香烟 / 157

鲁迅的生活（之一）/ 161

鲁迅的生活（之二）/ 164

鲁迅在日本 / 167

鲁迅先生的晚年（一九二六年至一九三六年）/ 174

第四辑

家里家外，
他是战士更是父亲

母　亲 / 178

鲁迅先生与家庭 / 183

鲁迅先生与海婴 / 187

最后的一天 / 211

第五辑

关于先生的
逸闻趣事

略谈鲁迅先生的笔名 / 218

民元前的鲁迅先生 / 228

鲁迅和青年们 / 233

青年人与鲁迅 / 271

片段的记录 / 277

鲁迅手迹和藏书的经过 / 283

鲁迅如何对待祖国文化遗产 / 288

研究鲁迅文学遗产的几个问题 / 293

第一辑

———

创作中，
他光芒异彩

鲁迅先生的写作生活

　　一个作家对于他的写作生活是严肃的，如其这位作家是认真地对他的工作忠实的话。随随便便一挥而就的态度，不是一个好的作家所应有的。至少，他应该很谨慎地从事他的工作。我对于鲁迅，所见到的就是这样。

　　他是时常被许多识与不识的人们邀请写稿的。在被限定的时间已经很急促，没有工夫多加思索的余裕，或者他自己正在没有预算到的中间，一定要临时赶交文稿，那么，他宁可找些短篇来翻译，却绝不肯潦草从事，许多的短篇译文，大约就是这样来的。然而在未动笔之先，选择材料之际，是很经过一番苦心的，甚至为了没有适当的材料，连找几天，看了几许的原作，也是常有的事。到这时候，他会感慨地说："唉，翻书也不容易。"为了这方面的苦恼，所以他是时常留心买新书的，遇到有可以做翻译的准备的材料时，他就有时先买妥在那里。

约一九三三至一九三四年，在遭遇到无比的压迫的时候，文章不能用"鲁迅"两个字投稿，因为检查者看到会没有理由地就给抽掉。已经出版多时了的，逢到邮递的检查时，也会因为封面是"红色"而被禁止通递，如《呐喊》就是。一些书店，也在这个时候停止支付版税，他们是最聪明不过的，讲什么良心！"落井下石"是中国的老成语。然而人总得生活，不能束手待毙的，因此他曾经想翻译法布尔的《昆虫记》，他以为这部著作值得介绍，虽然太偏于文学些了，（但）还是一部伟大的作品，对于科学的贡献，对于中国人学问的增进，都很有帮助的。不晓得为什么到如今似乎还只有简单的节录给儿童作读物的片段译出。他把那部《昆虫记》陆续买来了，约好建人先生替他担任校正，并托他向某大书局①接洽，预定每月交出若干译稿，把收入来维持那半地下生活的支撑。然而也没有成为事实，只留得未译的原书作纪念品而已。从这里我们又可以看出鲁迅当时虽然志在谋解决生活，仍不忘记读者方面的需要，并不是只为自己着想，做那投机事业一样，专门投读者所好，迎合观众心情的轻松读物取材的。

至于创作，更是加倍地当心的，就算三五百字的短评，也不是摊开纸就动手。那张躺椅，是他构思的好所在；那早晚饭前饭后的休息，就是他一语不发，在躺椅上先把所要写的大纲起腹稿的时候。每每文债愈多，腹稿愈忙，饭前饭后脑筋愈不

---

① 指上海商务印书馆。周建人当时在该馆工作。

得休息，更影响到他的胃纳不佳，食欲不振，这都是互有关系的。就这样磨掉了他的生命。

他有一本短评《花边文学》，是因为有些文豪讥讽他的短文而得优厚的稿费，特别借编者的用花边围绕而作双关解释的。但是鲁迅自己知道他的短评产生也不容易，他说："人家说这些短文就值得如许花边，殊不知我这些文章虽然短，是绞了许多脑汁，把它锻炼成极精锐的一击，又看过了许多书，这些购置参考书的物力，和自己的精力加起来，是并不随便的。"这几句话，就可以了解他一切执笔行文的经过。

在预备写比较长一些的文章，或者如《伪自由书》《准风月谈》的后记，几乎是头也不回，连夜编写完成的万言书。当他准备动笔写比较长文的时候，他会很委婉地劝我先睡，等我睡了之后，可以静心一意地写作。因为几十年的孤灯独对、潜心工作的习惯，忽然有个人在旁走动，多少是觉得打扰的。我原也不过这样了解，只当作他的脾气，姑且听之而已。到现在，自己工作起来，也一定要等待到更深人静，然后才觉得一心一意不被外物纷扰，没有做到那一步，是不晓得那些人的苦的。我现在更了解他，可惜就是不能在这时告诉他我的了解了！但是一切写文章的人大约多是如此的吧，如果文人也算有职业，这职业实也不下于夜班生活的工友。

到了早晨六时左右，经过了一夜写作完成之后，有时他会把我叫醒，给他泡茶，在饮茶的时候，很高兴地叫我先看他的文章。每次文章写完尽给我先看的，偶然贡献些修改的字句或意见，他也绝不孤行己意，很愿意地把它涂改的。或者预备些东西吃，有时午夜也曾这样要求，如果能够再有半杯酒，更觉满意。但是有什么好预备的呢？最方便的，就是鸡蛋炒饭，放些葱，蛋是要炒得老的，照绍兴农家的吃法，这种蛋炒饭他最喜欢。他喜欢吃硬的东西，饭炒起来也是要焦硬些，软绵绵的有些不大爱吃，好像丝绸的衣服不爱穿一样，他是彻头彻尾从内至外都是农民化的。譬如生黄瓜、脆花生、沙炒豆之类，对于他也还是爱好品。

他对写作的修养是很注意的，闲空的大部分都用在看书，更多的是外国书。除了社会科学的书是细细地阅读之外，普通杂志，他只是选几篇或一部分看看就完了。国内出版的杂志，不过翻翻就算了，如果没有什么好作品，是不肯浪费许多光阴的。有时寄来了，拆开之后，看看目录就算了。我拿过来看，也会劝告似的说："不如拿这些工夫做别的事。"对于报纸，也不过花费十来分钟略略过目一下就完了，有时见到我总在看报，他偶然也会不耐烦地说："这有什么好看的呢？"他虽然这样马虎地过目，但是过了几天忽然要找某一材料，叫我向旧报翻时，我往往久翻不到，还是由他指示我约在某天某一个角头处找，这才找到。可见他处理学问的经济，而我是白费了，等于没有看过。他不承认有天才，然而这不是天才之异乎寻常吗？他说，他也是用功得来的，这明明是告诉人以他的天才还是一样的要用功，要善于用功。

别人批评他的文章，他或看或不看，却是不赞成依照批评而改变自己意志的。骂他的文章，就是寄到手头，他却未必就看，总把它堆在一旁，等到用作材料的时候才去翻它，这时是比较客观的研究了，人家以为他暴跳十丈高，其实更多的是炉火纯青的时候。

鲁迅先生怎样对待写作和编辑工作

一　鲁迅先生怎样读报，怎样在写作中运用报纸上的材料

　　在我的印象中，鲁迅先生读报是不费很多时间的，每天报来，看得很快。但是他的记忆力很好，有些他认为是有用的材料，记得很牢。要用的时候，一翻报纸，就能找到。有一次他要我替他找一个报上的材料，我翻遍了报纸都没找到，后来他告诉我到某报的某月某日第几版的角落处去找，果然就找到了。我看报的时间比他多，他不以为然，认为不需要浪费那么多的时间，因为旧社会的报纸，大多是无聊的黄色新闻，或者是国民党的官方消息，不值得花太多的时间。

　　他在写作中大量运用报上的材料。他也做剪报工作。上海的鲁迅博物馆里，保存着一本剪报集，剪贴得很整齐，每页上还有他亲笔所写报纸名称和日期，这些资料是他从一九二八年到一九三三年期间从上海出版的《申报》《新闻报》《时事新报》

及《大晚报》等文艺副刊上剪下来的，内容大都是国民党反动派摧残进步文化界的消息报道和攻击鲁迅的反动文章。他当时打算运用这些资料写一篇东西的，后来没有写成。

他运用报上材料写东西的本领很大，常常利用反动报纸的材料作为反面材料。翻翻鲁迅的杂文就很容易发现这一点。比如《伪自由书》《准风月谈》两书的"后记"，大部分材料都是报上的，经他一引用，加上三言两语，就有力地打击了敌人。他订的报纸不多，有些报纸是朋友和学生们寄给他的。

二　鲁迅先生怎样做编辑工作

鲁迅参加过编辑工作的刊物，我看到的有《奔流》、《语丝》、《北新》半月刊等，以后又编辑过《译文》。在这些刊物中，编辑《奔流》是他最感到吃力的了。他尊重读者来稿，不但亲自编，有时还给作者抄写稿件；不但他自己抄，而且还要我帮着抄。他取舍稿件完全从稿件的政治意义出发，该登的让它登出，不怕自己受累。《语丝》常常对时局发点"牢骚"，稿件都是按鲁迅的意见选择的。有一次，复旦大学的一个学生向《语丝》投了一篇稿件，批评复旦大学内部的黑暗。照当时一般编辑的处理，这篇稿就会给压下来，鲁迅却不，因为作者敢于揭发时弊，鲁迅就支持他，把它登出来了。这件事得罪了一些人，后来遭到报复，但鲁迅不怕。

鲁迅为了工作是不计报酬、不计劳累的。《奔流》一个月出一期，虽然是约了两个朋友合编的，但是，实际上担子都落到鲁迅一个人身上。尽管他本身的工作很忙，他仍旧负责到底，勤勤恳恳地编稿。

在编辑工作中，他随时收到稿件随时看，从不积压。翻译的稿件还要尽可能地按原文逐字逐句对照一遍。因为他的英、法文比较差，英文方面的稿件就找周建人，或者是找懂英文的青年学生帮忙看。他在这方面是花过很大的精力的。许多今天有名的翻译家的文章，当时都是经他亲笔改过的，在这方面，他也培养了不少的青年作家。

有些稿件适合登在别的刊物上，他也认真负责地介绍给别的刊物。

鲁迅很尊重作者的劳动，对别人的文章，从不乱加删改。有一次他给曹靖华的信中说："这篇文章我改了几个字，不知道你的意见怎样？"稿件如要做更多修改，他通常是提出意见，请作者自己去改。随便大笔一挥，甚至改变了作者原来的意思，这是鲁迅最为反对的。

在编辑工作中，鲁迅是谦逊的，反对哗众取宠。有这样一件小事：当时，《作家》月刊曾经在目录上刊登过世界文学家的照片，其中也有鲁迅的照片。鲁迅对这一点很不满意。他认为，一个人的工作、生活都应该是朴实的，刊物也应该如此，这样做是不必要的。

他不但认真地做编辑工作，也关心出版工作，随时对出版商提出有关出版方面的意见。出版商不一定听他的话，小节则让步，事关重大，就要积极地交涉了。当时的《奔流》《语丝》《北新》半月刊都是由出版商承印的，国民党反动当局对这些刊物不满意，因为这些刊物提倡新文化。鲁迅为了使这几个刊物能够保持下来，尽过不少的力量。

三　鲁迅先生在写文章以前，通常要做哪些准备工作

鲁迅在写一篇稿件以前，常常有一个很长的酝酿时期。有时候遇见朋友，他就会谈起来，说他看到了什么材料，想写个什么东西；有时候也不讲，静静地读书，默默地思索，或者暗自打腹稿。有时候，看起来鲁迅写得很快，但这是日常不断地、多方面地学习、积累的结果，是勤学苦练的结果。他从来不浪费一点一滴的时间，有机会就读书。他几乎是时刻准备着拿起笔来战斗。他常说"把别人喝咖啡的时间都用进去了"，这就是指学习。

他不但读书，也愿意多增加一些感性知识。鲁迅在上海的时候，常常去看电影；在北京他常常到现在的北京剧场去看电影，但是看的次数比在上海的时候要少些。鲁迅看电影不是单纯为了消遣，而是为了增加感性认识，这也是一种学习。看过电影，鲁迅有时候也利用电影的材料写东西。记得当时，他对反映非洲情况的影片很感兴趣，他很关心非洲人民在比利时、法国等殖民者统治下的苦难生活，了解非洲丰富的天然资源。他说："非洲我们是不会去的了，能在电影中了解了解也是好

的。"此外，鲁迅也很重视从实际中获得知识，如像参观展览会、研究有关动植物的书籍等，尽可能地多去观察和了解。总之，他所汲取的知识是多方面的。

因为有这样的经常积累，再加上记忆力好，脑子里总是储备丰富，无论古今中外、大小题目，他都能应付自如。这是他刻苦地、勤勤恳恳地工作的结果。他所积累的各种材料，都是经过自己的一番熔化的。

鲁迅在写作前不写提纲，甚至写一些较长的文章也不写提纲；当他拿起笔来的时候，文章已有几分成熟了。他从不临时找材料，有时候也在写作前翻翻书，那是为了证实自己记忆的确切程度。至于材料、构思，那是在下笔以前就已经想好了的。

四 鲁迅先生怎样修改自己的稿件

鲁迅怎样修改自己的稿件，从鲁迅留下的手稿中可以看到一些迹象。从手稿中可以看出，鲁迅的修改多半是个别的字、句子，整段整页的删改是没有的。

他的写作态度很认真，随随便便一挥而就的文章，在他是从来没有过的。他曾说过，"多看看，不看到一点就写"，"写不出的时候不硬写"，"写完后至少看两遍，竭力将可有可无的字、句、段删去，毫不可惜"（见《答北斗杂志社问》）。他自己就是这样做的。前面已经提到，他在写文章以前，总是经过深思熟虑，腹稿打好了，就提起笔来，一气呵成，所以初稿往往就是定稿。

　　鲁迅的手稿一般都写得很整洁，改动得很少，但有时改动一字一句，都经过细心推敲，比如《为了忘却的记念》这篇文章中有一首诗：

> 惯于长夜过春时，
> 挈妇将雏鬓有丝。
> 梦里依稀慈母泪，
> 城头变幻大王旗。
> 忍看朋辈成新鬼，
> 怒向刀丛觅小诗。
> 吟罢低眉无写处，
> 月光如水照缁衣。

　　诗中首句"惯于长夜过春时"，原来"夜"字后面是"度"字，后来自觉不妥，就改成"过"字了，这一字的推敲是经过相当考虑的。后面"忍看朋辈成新鬼，怒向刀丛觅小诗"两句，在一九三二年七月一日日记上是写的"眼看朋辈成新鬼，怒向刀边觅小诗"；写《为了忘却的记念》的时候，"眼看"改成了"忍看"，"刀边"改为"刀丛"，虽然两字之差，但是更深刻地表达了鲁迅当时的愤怒心情和对敌人的刻骨仇恨。

　　又如在《死》这篇文章里，有一句原来是这样写的："大约我们看待生死都有些随随便便，不像欧洲人的认真了。"后来改成："大约我们的生死久已被人们随意处置，认为无足重轻，所以自己也看得随随便便，不像欧洲人那样的认真了。"前者容易被人当作一句平常的话，而后者却明确地表现出它的战斗性和它的深刻的社会意义。这样的例子，在《鲁迅全集》中是很多的。

五　鲁迅先生怎样对待校勘、校对工作

鲁迅的校勘工作是继承了清代的校勘工作的优良传统的，也就是所谓考证校勘。我们现在到鲁迅博物馆去看，还能够看到鲁迅是怎样整理文学遗产的。尤其是《嵇康集》的校勘工作，他一共抄写了三遍，字写得工工整整。这三次是根据三种不同的版本校勘的，每当发现某个版本的说法不同的时候，他马上写一个小纸条夹在里边（顺便说说，鲁迅是很注意节约的，一张稿纸只剩下一点边边头头，他都裁下来积存起来，放在桌边，以备随时作夹条用），或者在上面注上眉批。就这样，《嵇康集》反复校勘了好多遍。从这里，我们可以看出鲁迅整理文学遗产的严肃的态度，也可以看出他对读书又是多么的认真了。

对编排工作，鲁迅也是很认真的。他很注意装潢和美化版面。他编《译文》的时候提倡多登木刻，原因之一是可以美化版面。他希望书里边也最好能有配合人物或情节的插图。另一

点是他主张书和杂志不要编排得很挤，字号要大一些，一片密密麻麻的小字，会使读者看了透不过气来。他主张一般的文章开头空五六行的位置，有时在文章的空处加上一点小的图案花样，美化刊物。

鲁迅常常亲自做校对工作。校对中，遇到一行的顶头有标点，他都认真地画到每行的末尾；一张校样，正面看看，还要倒过来看看，这样，字排得正不正，排行是不是歪斜，就很容易发现了。他要求天地头要排得整整齐齐，哪个地方空得多，哪个地方比较挤，哪个地方错落不齐，他都在样子上做出记号，有时用尺画一条直线，以引起排字工友的注意。鲁迅最讨厌的就是把字给排错了，因为一字之差，常常把整个意思弄错了。鲁迅先生去世以后，我曾经替他整理发表了《关于太炎先生二三事》，文章里有一句原文是"令人神旺"，不知是排错了，还是编辑搞错了，印出来成了"令人神往"。"令人神旺"和"令人神往"两者的意思是不同的，这不是鲁迅的原话。鲁迅对这种错误是不满的。

他在编辑工作中，只要有可能，编排校的工作总是自己亲自来做的，以认真负责的态度对待读者。他总认为，一期刊物、一本书出的错误少一点，就对读者的帮助更大一点，自己能做多少，就努力做多少。

六　鲁迅先生怎样对待读者来信和青年作家写给他的稿件

鲁迅日常收到的读者来信是很多的，他几乎是每信必复（少数无聊的信例外），并且尽快地答复，从不积压。他通常是利用茶余饭后的休息时间来写回信，不占工作时间。

对青年作家的稿件他是很认真看的。那时候，一般的人对青年作家是不够关心的。鲁迅不这样，他在这方面是不计时间和精力的。编刊物的时候，遇有不能采用的稿件，他总是及时退给作者；能用的稿件，他就认真地修改。他收到的稿件是各种各样的，有的稿纸很薄，是那种双层软纸，字又写得不清楚，看时很费力，他就垫一张纸在双层稿纸中间，衬着看。有的稿件写得很马虎，并且还附了一句类似这样的话："我这个稿件写得很乱，写了懒得再看一遍，现在寄给你看看吧！"鲁迅为难地笑了笑，但他还是认真地看下去了。

鲁迅对青年作家的稿件是很尊重的，如果对稿件有些意见，他就注明：有几点意见提供你参考。《勇敢的约翰》的译者孙用，当时是邮政局的一个邮务员，他将《勇敢的约翰》译稿送给鲁迅之后，鲁迅就千方百计地给他介绍出版，跑遍了许多书店，看了人家的许多冷面孔。但是，只要能够帮助青年作家出版一本书，他也就在欣喜中忘掉了辛苦，甚至把自己的工作都丢开了。

七　鲁迅先生有哪些良好的写作习惯

鲁迅经常是在晚上写作。那时候，我是不赞成这样做的，但到现在，当我自己也写东西的时候，才觉得晚上写作确实要比白天好。夜里很清静，思路不会被打乱。在上海，晚上他要写东西的时候，他总催我先去睡觉，我知道他要写东西，也就走开了。他晚上睡得很晚，有时吃一点点心又继续工作了。写作的时候，他很注意端正姿势，坐得很直，眼睛和桌子保持一定的距离，十年如一日，所以他没有弯腰驼背的现象。写作中，有时候需要想想再写，他就停笔坐到桌旁的一张躺椅上，抽支烟静思一番，然后再继续写下去。他抽烟很多，写作时右手拿笔，左手拿烟，但常常是忘记抽它，多数是自己烧掉的。

最后，我感到鲁迅习惯于写短文章，这是值得学习的。目前有些文章长了些，我看可以写得短一些。

鲁迅与翻译

　　鲁迅从事文学翻译是从《域外小说集》开始的，他着重于东欧和北欧文学的介绍，尤其是弱小民族的作品，因为那些作品富于挣扎、反抗、怒吼的精神，翻译过来，不但能借此转移性情，更可改造社会。后来翻译了不少文艺理论书，自比为"偷外来的火，烧自己的肉"，对于中国新文学运动的意义那就更大了。他又酷爱俄罗斯文艺，帮助别人并自己动手翻译不少作品，到他临终之前，仍不忘记对《死魂灵》第二部的翻译；待到译文出书时，他已不及亲眼看到，但其忠实于翻译工作，由此亦可见一斑了。鲁迅一生的著述，创作与翻译各占半数，从这里也可看到他的翻译工作绝不是偶然为之的了。

　　翻译是文化交流的重要媒介，因此鲁迅特别努力于外国作品的介绍。他说："我们的文化落后，无可讳言……作品的比较薄弱，是势所必至的，而且又不能不时时取法于外国。"因为取法于外国，所以他对翻译就有一些看法，现在简单说一些。

一　翻译必须兼顾两面（一当然力求其易解，
　　一则保存着原作的丰姿）

鲁迅在《且介亭杂文二集》里说：

动笔之前，就先得解决一个问题：竭力使它归化，还是尽量保存洋气呢？日本文的译者上田进君，是主张用前一法的。他以为讽刺作品的翻译，第一当求其易懂，愈易懂，效力也愈广大，所以他的译文，有时就化一句为数句，很近于解释。我的意见却两样的。只求易懂，不如创作，或者改作，将事改为中国事，人也化为中国人。如果还是翻译，那么，首先的目的，就在博览外国的作品，不但移情，也要益智，至少是知道何地何时，有这等事，和旅行外国，是很相像的：它必须有异国情调，就是所谓洋气。其实世界上也不会有完全归化的译文，倘有，就是貌合神离，从严辨别起来，它算不得翻译。凡是翻译，必须兼顾着两面，一当然力求其易解，一则保存着原作的丰姿，但这保存，却又常常和易懂相矛盾：看不惯了。不过它原是洋鬼子，当然谁也看不惯，为比较的顺眼起见，只能改换它的衣裳，却不该削低它的鼻子，剜掉它的眼睛。我是不主张削鼻剜眼的，所以有些地方，仍然宁可译得不顺口。

从这段话里我们可以看出，鲁迅主张翻译必须兼顾两面，一方面必须力求其明白易解，另一方面要求保存原作的丰姿。也就是说既要通顺，又要忠实。

二 反对顺而不信

既然名为译书，自然要忠于原著，一字不能任意加减，所以以信为主，以顺为辅，是没有不对的。但有人提出"宁顺而不信"，以为只要文字通顺，读得懂就行，而译文合于原著与否，却不去问。结果把"天河"译作"牛奶路"了。这是否合于原著呢？是否能令人懂得呢？不，乃是风马牛不相及的，鲁迅说他真是"乱译万岁"！

鲁迅则提倡"宁信而不顺"的译法。他的所谓"不顺"是什么意思呢？即装进异样的句法——输入新的表现方法。在《关于翻译的通信》里说道：

> 自然，这所谓"不顺"，绝不是说"跪下"要译作"跪在膝之上"，"天河"要译作"牛奶路"的意思，乃是说，不妨不像吃茶淘饭一样几口可以咽完，却必须费牙来嚼一嚼。这里就来了一个问题：为什么不完全中国化，给读者省点力气呢？……我的答案是：这也是译本。这样的译本，不但在输入新的内容，也在输入新的表现法。中国的文或话，法子实在太不精密了……这语法的不精

密，就在证明思路的不精密，换一句话，就是脑筋有些糊涂。……要医这病，我以为只好陆续吃一点苦，装进异样的句法去，古的、外省外府的、外国的，后来便可以据为己有。

三　赞成"硬译"

在《硬译与文学的阶级性》里，说明中国文法不完备，历来就很有些生造和引起变迁的情形。如：

中国的文法，比日本的古文还要不完备，然而也曾有些变迁，例如《史》《汉》不同于《书经》，现在的白话文又不同于《史》《汉》；有添造，例如唐译佛经，元译上谕，当时很有些"文法句法词法"是生造的，一经习用，便不必伸出手指，就懂得了。现在又来了"外国文"，许多句子，即也须新造，——说得坏点，就是硬造。

"硬译"出来的词句，也不是全行接收，还有待自我批评，所以鲁迅又指出："一面尽量地输入，一面尽量地消化、吸收，可用的传下去了，渣滓就听它剩落在过去里。"所以"硬译"就有两种：有新造的句法使人一时感觉异样而后来可以据为己有的所谓"硬译"，亦有的确可舍弃的生硬句法的"硬译"。毫无疑问，鲁迅所赞成的"硬译"，只是前一种。

四　关于重译与复译问题

翻译自然以直接译为更妥，重译隔了一重手，在概念上和文章风格上自难与原作百分之百地吻合。但当鲁迅生时因读书界有不少鄙弃重译的，鲁迅认为必须放宽翻译的路，所以他在《花边文学》里说："中国人所懂的外国文，恐怕是英文最多，日文次之，倘不重译，我们将只能看见许多英、美和日本的文学作品，不但没有易卜生，没有伊本涅支，连极通行的安徒生的童话、塞万提斯的《唐·吉诃德》，也无从看见了。这是何等可怜的眼界。自然，中国未必没有精通丹麦、挪威、西班牙文字的人们，然而他们至今没有译，我们现在的所有，都是从英文重译的。连苏联的作品，也大抵是从英、法文重译的。"鲁迅自己的翻译，因他对日文比较精通，其次是德文，所以他的译本，也多取日文重译，或参照德文。据许寿裳著《亡友鲁迅印象记》里说："鲁迅所译安特莱夫的《默》和《谩》，迦尔洵的《四日》，我曾将德文译本对照读过，觉得字字忠实，丝毫不苟，无任意增删之弊，实为译界开辟一个新时代的纪念碑，使我非常兴奋。"

为了补救重译的缺点，鲁迅又提倡复译，并且主张须先打破不能容纳一种原本有几种译本的成见。在《且介亭杂文二集》的《非有复译不可》里说得很清楚：

　　而且复译还不止是击退乱译而已，即使已有好译本，复译也还是必要的。曾有文言译本的，现在当改译白话，不必说了。即使先出的白话译本已很可观，但倘使后来的译者自己觉得可以译得更好，就不妨再来译一遍，无须客气，更不必管那些无聊的唠叨。取旧译的长处，再加上自己的新心得，这才会成功一种近于完全的定本。但因言语跟着时代的变化，将来还可以有新的复译本的，七八次何足为奇，何况中国其实也并没有译过七八次的作品。

　　鲁迅之所以主张复译，是为了提高翻译的质量，与目前翻译界的某些抢译、乱译的现象是完全不同的。因此，绝不可以把这些话拿来与目前翻译事业计划化的政策对立起来看待。

五　鲁迅对翻译工作的态度

　　鲁迅对翻译工作的态度是十分谨慎、十分严肃的。从他在《且介亭杂文二集》里说的几段话，我们就可以看出来。例如：

　　我向来总以为翻译比创作容易，因为至少是无须构想。但到真的一译，就会遇着难关，譬如一个名词或动词，写不出，创作时候可以回避，翻译上却不成，也还得想，一直弄到头昏眼花，好像在脑子里面摸一个急于要开箱子的钥匙，却没有。严又陵说，"一名之立，旬月踟蹰"，是他的经验之谈，的的确确的。

……《世界文库》的编者要我译果戈理的《死魂灵》，没有细想，一口答应了。这书我不过曾经草草地看过一篇，觉得写法平直，没有现代作品的稀奇古怪，那时的人们还在蜡烛光下跳舞，可见也不会有什么摩登名词，为中国所未有，非译者来闭门生造不可的。我最怕新花样的名词，譬如电灯，其实也不算新花样了，一个电灯的零件，我叫得出六样：花线、灯泡、灯罩、沙袋、扑落、开关。但这是上海话，那后三个，在别处怕就行不通。《一天的工作》里有一篇短篇，讲到铁厂，后来有一位在北方铁厂里的读者给我一封信，说其中的机件名目，没有一个能够使他知道实物是什么的。呜呼，——这里只好呜呼了——其实这些名目，大半乃是十九世纪末我在江南学习挖矿时，得之老师的传授。不知是古今异时，还是南北异地之故呢，隔膜了。

可恨我还太自大，竟又小觑了《死魂灵》，以为这倒不算什么，担当回来，真的又要翻译了，于是"苦"字上头。仔细一读，不错，写法的确不过平铺直叙，但到处是刺，有的明白，有的却隐藏，要感得到；虽然重译，也得竭力保存它的锋头。里面确没有电灯和汽车，然而十九世纪上半期的菜单、赌具、服装，也都是陌生家伙。这就势必至于字典不离手，冷汗不离身，一面也自然只好怪自己语学程度的不够格。

再如许寿裳著《亡友鲁迅印象记》里也说：

> 鲁迅译《小约翰》也是一部力作。……那时我和他同住，目睹其在骄阳满室的壁下，伏案工作，手不停挥，真是矻矻孜孜，夜以继日。单是动植物的译名，就使他觉到不少的困难，遍问朋友，花去很多的精力和时间。
>
> 至于鲁迅译果戈理的《死魂灵》，更是一件艰苦的奇功、不朽的绝笔。……当鲁迅到病的时候，我去访问，谈到这部译本，他告诉我："这番真弄得头昏眼花、筋疲力尽了，我一向以为译书比创作容易，至少可以无须构想，哪里知道是难关重重！……"说着还在面孔上现出苦味。

我也从鲁迅翻译《死魂灵》时看到他艰苦而认真地工作的情况：每月留出一定时间，专诚地、沉湎于中地、一心致志地在全桌面铺满了字典、词典，并有好几种译本在参考着翻译。有时因为原本字汇的丰美，在中国的方块字里找不出适当的字句来时，常常执笔三思，深佩俄文词汇的丰富与作者文字的精细和刻画的深入、细致。有的自己解决不了，甚或驰书请教别人，总以不失原意才算满足。鲁迅自己对待他的翻译工作，也承认不是那么容易随便处理，而是逐字逐句、一丝不苟地，做一个把别地的异卉奇花移植到中土的辛勤的劳动者。我们从别人的介绍和他自己的叙述中可以看出他对翻译工作的严肃态度，可以看出他对中外文化交流是如何努力运用其所有的力量，以及从最初从事文学翻译起直至逝世为止，不松懈地、执着地工作，可以说与翻译为终始，毕生以之的了。

关于汉唐石刻画像

一般研究碑石的，向多倾注于文字；对于画像，大抵很少留意。鲁迅先生本其自幼爱好图画的心情，发展为两方面：一为提倡西洋木刻，到如今几已风行全国，大有成效；又其一为中国古代石刻画像探研，曾下过很多年的苦心。目下所保存的，除原拓碑帖画像外，又有先生亲自编好的《六朝造像目录》及未完成的《六朝墓志目录》。另外还有些手写的画像缩写和从碑帖之类中抄录的字等。可惜限于资力，未能在他生时整理付印，到如今，艺术研究上还是一件很可遗憾的事。

他留意于古代艺术，而这艺术之最真实的，石刻亦其中之一。在一九一五至一九二二年，国内先有袁世凯称帝，后有张勋复辟，政治不入轨道，侦探满布，公共场所，贴满"莫谈国事"的标语，真是大有"道路以目""属垣有耳"之慨。先生是热情而又正义感非常浓厚的，深维革命的实力尚未充备的北平，个人徒托空言，无补于事，所以退而搜集并研究金石拓本，关于造像及墓碑等，陆续搜集到的不下数百种。有些是前清达官端方所保存，后来落到先生之手，极为珍贵，有人曾恳请割爱，终未允诺的。自然也有不少赝品，则是他特意购置。先生的鉴别考古，似和一般不同，他说："先看廉价的坏东西，看得多了，真的到手，即一目了然，无所逃遁。"这种研究法很费力气，平常人不大肯做的，即此可见先生治学的认真了。

这些画像对于艺术的贡献极大，先生时常慨叹："××人真厉害，处处留心，各方面人才都有。中国的石刻画像，被他偷到一二，在他们的图案画上就很具价值。其实他们所得的，还没有我知道得多呢。"因此很想有机会把它影印出来。看到日本出版的发掘中国墓穴的图本，那全部实物由图像的纵剖与横断面，以及搜集者之与画家合一，能把模糊的构图，用科学方法表现出来，先生真被感动。回顾国内，研究墓圹古物的人们，不惜重资收买，保存起来，堆满许多房间，仍然保存而已，充其量古董家而已，于社会、于艺术有什么影响？先生不肯这样做。如有所得，必先想想对大家有没有好处。有时也曾向研究木刻者谈到，希望他们能留心中国古代的石刻画像，以求沟通，甚至旧式新年五彩木版连环画如《老鼠嫁女》，或历史故事的图，虽则粗陋，但对于当时风俗习尚的研究，也很有益处。因此在一九三四年间，正在木刻流行颇盛时，先生又温起旧好来了，多方设法托人搜集石刻画像。从他给几位朋友的通信中，我们可以窥知他一向对这方面的深刻研究的见地，帮助将来整理全集（这里指《鲁迅全集》）第三部的汉唐画像的力量真不少。在这里先感谢寄给我以遗札的朋友们，现在从这里面说到的，概括如下。

一　汉唐画像的分类

A. 全印——不问完残

一九三五年十一月十五日午给台静农先生函云：

> 我陆续曾收得汉石画像一篑，初拟全印，不问完或残，使其如图目，分类为：一，摩崖；二，阙、门；三，石室、堂；四，残杂（此类最多）。材料不完，印工亦浩大，遂止……

B. 选印——可见风俗

这大约是鉴于全印浩繁，不易做到，而改定的。至于分类，则放弃全印之以地点作中心，而注重于当时风俗。这种注重很有价值的，例如一九三四年姚克先生住北平，似乎来信问到秦代典章文物。我们知道秦的历史并不久远，所以先生举出汉代习俗，实与秦时差不多为对。又因未知有专门的学者，于是就告诉他看画像，这也就是先生研究汉唐画像的真意。他说：

> ……关于秦代的典章文物，我也茫无所知，耳目所及，也未知有专门的学者，倘查书，则夏曾佑之《中国古

代史》（商务印书馆出版，价三元）最简明。生活状态，则我以为不如看汉代石刻中之《武梁祠画像》，此像《金石粹编》及《金石索》中皆有复刻，较看拓本为便，汉时习俗，实与秦无大异，循览之后，颇能得其仿佛也。（一九三四年二月十一日给姚克信）

还有，我们看书里面的文字，总没有看图来得清楚，从石刻中，可以知道古代游猎、战斗、刑戮、宴会，甚至神话、变戏法、音乐、车马仪式等，这些都是研究史实的最好材料，平常人大抵不措意的。一九三四年二月二十日致姚克先生信就这样说：

> 武梁祠画像新拓本，已颇模糊，北平大约每套十元上下可得。又有《孝堂山画像》，亦汉刻，似十幅，内有战斗、刑戮、卤簿等图，价或只四五元，亦颇可供参考，其一部分，亦在《金石索》中。

同年三月六日夜，给姚克先生函，对于《朱鲔石室画像》，认可疑为晋石，但宴会之状，非常生动：

> ……汉画像中，有所谓《朱鲔石室画像》者，我看实是晋石，上绘宴会之状，非常生动，与一般汉石不同，但极难得，我有一点而不全，先生倘能遇到，万不可放过也。

　　先生这种鉴别力之精到，以及他对于古代文化的了解，从实物考证，不为俗说所囿，如果以之写其向所欲执笔的中国文学史，以唯物的眼光着手，该是在中国文化甚至世界文化有多么大的影响呢？我们时常劝他。不过，社会的变动是这样的快，人手是这样的不够——拿中国人口和文化人比较，相差真太远——使先生的笔来不及朝向往古方面走。就是对于现实，也来不及寓于小说，行于论文，而变为短小精干的手提机关枪式的短评和杂文。然而先生的苦心，还未为一些人所谅解，有时反而说他"中画"，向他劝"进"："'不近人情'的固是'文人无文'，最要紧的还是'文人不行'（'行'为动词）。'进，吾往也！'"（见《伪自由书》）

　　就因为整天拿住手提机关枪，使人"能躁而不能静"，如果有可能，他还是希望"静养若干时"，做他久欲准备做的工作的：

　　　　汉唐画像极拟一选，因为不然，则数年收集之工，亦殊可惜。但上海真是是非蜂起之乡，混迹其间，如在洪炉上面，能躁而不能静，颇欲易地，静养若干时，然竟想不出一个适宜之处。不过无论如何，此事终当了之。（一九三四年四月九日给姚克信）

　　这愿望压得他的心头太重了。假使一九三四年真能易地静养，或者得免于一九三六年的大病至死，得以活到如今完成他许多未了的工作也难说。然而已经是无可挽回的事实！有什么话好说呢。

时间与财力，也是限制先生未能着手印行汉石刻画像的重大原因。再假使国家有那么一个整理文化的部门，有许多比较有研究的人聚首一堂，由先生计划，与同人一齐努力，则必然有很伟大的成就。无如先生之才之志，终竟赍恨以殁了：

> 对于印图，尚有二小野心。一，拟印德国版画集，此事不难，只要有印费即可。二，即印汉至唐画像，但唯取其可见当时风俗者，如游猎、卤簿、宴饮之类，而着手则大不易。（一九三四年六月九日给台静农信）

> ……后又欲选其有关于神话及当时生活状态，而刻画又较明晰者，为选集，但亦未实行。（一九三五年十一月十五日午给台静农信）

> ……我在北平时，曾陆续搜得一大箱，曾拟摘取其关于生活状况者，印以传世，而为时间与财力所限，至今未能，他日倘有机会，还想做一做。（一九三四年三月六日夜给姚克信）

> 汉唐画像石刻，我历来收得不少，惜是模糊者多，颇欲择其有关风俗者，印成一本，但尚无暇，无力为此。先

生见过玻璃版印之李毅士教授之《长恨歌画意》没有？今似已三版，然其中之人物屋宇器物，实乃广东饭馆为"梅郎"之流耳，何怪西洋人画数千年前之中国人，就已有了辫子，而且身穿马蹄袖袍子乎。绍介古代人物画之事，可见也不可缓。（一九三四年三月二十四日给姚克信）

二　画像的内容

汉唐画像，就先生所收得的，深以拓工不佳及拓片不全为憾，所以竭力设法搜集，那时（一九三四年至一九三五年）在北方的台静农先生和王冶秋先生很愿意给予助力。更由两先生而转托南阳杨先生，就地雇工拓印，各地函札交往，拓片来去者亘二年：

> ……汉至唐画像……五六年前，所收不可谓少，而颇有拓工不佳者，如"武梁祠画像""孝堂山画像""朱鲔石室画像"等，虽具有，而不中用；后来出土之拓片，则皆无之，上海又是商场，不可得。兄不知能代我补收否？即一面收新拓，一面则觅旧拓（如上述之三种），虽重出不妨，可选其较精者付印也。（一九三四年六月九日给台静农信）

石刻画像，翻刻者甚少，但只要拓本较可观，先生是主张多搜集、比较的。他说的"可观"，是以拓工技术为主，石刻原已平漫，仍是"可观"的。就先生所欲搜集而自己已研究过的，有如下数种：

（一）"武梁祠画像"——已模糊（汉刻）。

（二）"孝堂山画像"——不全（汉刻）。

（三）"朱鲔石室画像"——汉画像，实晋石。

（四）"君车"——系赝品。

（五）其他。

一九三四年六月十八日夜，给台静农先生信云：

石刻画像：除"君车"残石（有阴）外，翻刻者甚少，故几乎无须鉴别，唯旧拓或需问人。我之目的，（一）"武梁祠""孝堂山"二种，欲得旧拓，其佳者即不全亦可；（二）"嵩山"三阙不要；（三）其余石刻，则只要拓本较可观，皆欲收得，虽与已有者重出亦无害，因可比较而取其善者也。但所谓"可观"者，系指拓工而言，石刻清晰，而拓工草率，是为不"可观"，倘石刻原已平漫，则虽图像模糊，固仍在"可观"之列耳。

济南图书馆所藏石，昔在朝时，曾得拓本少许；闻近五六年中又有新发现而搜集者不少，然我已下野，遂不能得。兄可否托一机关中人，如在大学或图书馆者，代为发函购置，实为德便。凡有代价，均希陆续就近代付，然后一总归还。

自后常常从邮局寄来拓片，每到，先生即亲自选取，而将落选的立刻挂号寄回。寄来之拓片中，"君车"也有，的确证明是赝品，另外翻刻或别的画像考，先生也都留心到，而且有很正确的见地。

三　关于画像的批评

中国人脾气是奇怪的，对于古物，喜欢独得一份，收藏起来，藏到不肯使人看见，以示珍贵。有些人发现一块难得的碑石，拓了几张之后，赶紧把那石敲些坏，叫别的人就是得到也没有我的好，似乎也曾听见过。朱鲔石室，后来是被人"塞起来了"。用意大略是差不多的吧，先生因此就是想看看全份也做不到。在一九三四年四月二十二日夜给姚克先生的信就说到过：

> ……"朱鲔石室画像"我有两套，凑合起来似乎还不全，倘碑帖店送有数套来，则除先生自己所要的之外，其余的请替我买下，庶几可以凑成全图。这石室，四五年前用泥塞起来了（古怪之至，不知何意），未塞之前，拓了一次，闻张继委员有一套，曾托人转辗去借，而亦不肯借，可笑。

其余的画像，哪些是"赝品"，哪些是"翻刻"，先生都很能辨别，对于别人的画像考得不得要领，都时时刻刻引起他自己对这方面想有所努力：

……至于拓片两包，是都收到的，"君车"画像确系赝品，似用砖翻刻，连簠斋印也是假的。原刻之拓片，还要有神采，而且必连碑阴，乃为全份。又包中之"曹望憘造像"，大约也是翻刻的，其与原刻不同之处，见《校碑随笔》。（一九三五年五月十四日夜给台静农信）

瞿木夫之《武梁祠画像考》，有刘翰怡刻本，价巨而难得，然实不佳。瞿氏之文，其弊在欲夸博，滥引古书，使其文浩浩洋洋，而无裁择，结果为不得要领。（一九三五年十一月十五日午给台静农信）

一九三五年五月间，先生对于搜集拓片的事，打算结束一下。除收到静农先生寄来的骑马人画像、大定四年造像、汉残画像、一人及一蛇画像、汉鹿画像、宜州画像（？）、日月画像等之后，写回信时，就颇表示精力无暇兼顾的样子：

收集画像事，拟暂作一结束，因年来精神体力，大不如前，且终日劳劳，亦无整理付印之望，所以拟姑置之；今乃知老境催人，其可怕如此，因为我自去冬罹西班牙性感冒之后，消化系受伤，从此几乎每月必有小病一场了。

但似未必寿终在即，可请放心耳。

先生自知老病重危，而仍"终日劳劳"，这种惨痛的境味，他自己知道，但是如果有用到他的地方，他还是一样地尽力，这是他的特殊处。关于收集拓片，台先生已分头寻觅了，所以于同年八月间，又来信问到南阳画像的有无，先生八月十一日回信云：

南阳画像，也许见过若干，但很难说，因为购于店头，多不明出处也，倘能得一全份，极望。《汉圹专集》未见过，乞寄一本。

同年十一月十五日午，收到台先生信并《南阳画像访拓记》一本，又由王冶秋先生寄来拓片十张，并由王先生转请得杨先生寄来南阳画像拓片一包，计六十五张，于是重整旗鼓，又来搜集了。原信云：

十一日信并《南阳画像访拓记》一本，顷同时收到。关于石刻事，王冶秋兄亦已有信来，日内拟即汇三十元去，托其雇工椎拓，但北方已冷，将结冰，今年不能动手亦未可料。印行汉画，读者不多，欲不赔本，恐难。南阳石刻，关百益有选印本（中华书局出版），亦多凡品，若随得随印，则零星者多，未必为读者所必需，且亦实无大益。而需巨款则又一问题。

……南阳画像如印行，似只可用选印法。

看到南阳画像的佳品，看到别人选本的多凡品，又引起先生选印之心，冀于读者有益。同年十二月三日夜，给台先生信云：

十一月二十三日函已收到。拓汉画款，先已寄去卅，但今思之，北方已结冰，难施墨，恐须明春矣。关百益本实未佳，价亦太贵，倘严选而精印，于读者当更有益。

先生对于拓片的研究，很是仔细，结冰难施墨，也代设想到，而又要求拓工拓，恐外行人不及拓工；用纸也须用中国连史纸，而且寄去纸的标本，真可谓处处留心、无微不至了。同年十一月十八日给王冶秋先生函是这样的：

十一月八日信并拓片十张，又十四日信并小说稿两篇，均收到。……
…………
又汇票一纸三十元，希向商务印书馆分馆一取，后面要签名盖印……此款乞代拓南阳石刻，且须由拓工拓，因为外行人总不及拓工的。至于用纸，只须用中国连史就好（万不要用洋纸），寄来的十幅中，只有一幅是洋纸，另外

都就是中国连史纸，今附上标本。（但不看惯，恐也难辨）

到十二月，收到拓片六十五幅，纸墨俱佳，想为先生贡献
意见所收的效果。这里有古时阔人的冢墓中物，有神话，有变
戏法的，有音乐队，也有车马行列，真是丰富的收获。这时台
先生转到厦门大学任职，先生去信通知云：

　　南阳杨君，已寄拓本六十五幅来，纸墨俱佳，大约此
后尚有续寄。将来如有眼豫，当并旧藏选印也。（一九三五
年十二月二十一日夜给台静农信）

同在一天，给王冶秋先生信云：

　　今日已收到杨君寄来之南阳画像拓片一包，计六十五
张，此后当尚有续寄，款如不足，望告知，当续汇也。这
些也还是古之阔人的冢墓中物，有神话，有变戏法的，有
音乐队，也有车马行列，恐非"土财主"所能办，其比别
的汉画稍粗者，因无石壁画像故也。石室之中，本该有瓦
器铜镜之类，大约早被人捡去了。

以上都是从通信中窥知的大概，关于这方面，台静农先生
很有研究，并蒙答应帮同整理。去年夏间，又来信嘱我把以上
的通信抄寄，预备先写文章介绍一下。到如今，又一年多了，

台先生在他的故乡流徙，从六安而芜湖、叶家集，抵武汉，到宜昌，全家老小，相继患病，哪里来得及执笔。没有法子，先冒昧地乱说一通，以慰一些关心这方面材料的朋友，以便将来查检时之便利而已。但有说得不对的地方，那是笔者的责任，因为对于这些向未研究过也。

鲁迅先生的日记

　　鲁迅先生的日记有两种。除了本期所刊露的一种之外，还有一种是《马上日记》或《马上支日记》（见《华盖集续编》）。从宽泛些说，也可以说日记有三种：《日记》《马上日记》《夜记》。可惜《夜记》一直没有写就，所以还是说两种来得恰当些。

　　先说《马上日记》等三篇，是在一九二六年预备投到副刊去写的。里面写些身边琐事，或读书心得。虽然也是日记体裁，然而总不免一看就晓得是故意做出来的，颇活泼，很能引人入胜，和他正式写的日记就大大地不同。用他自己的解释，日记是这样的：

　　　　我本来每天写日记，是写给自己看的……
　　　　……写的是信札往来，银钱收付，无所谓面目，更无所谓真假。

据保存所得的检查一下，鲁迅先生的日记是从民国元年五月初到北平时写起的，一直没有间断。偶尔因为特别事故，如"一·二八"战事发生，只身出走，中间经历了一个多月，待到市面稍稍平静，重回旧寓之后，他才能拿笔补记。记虽简略，但奇怪，他就有本事逐天地排列回忆起来，一些不错，看了真令人惊服。

他的日记的确写给自己看的，所以一点也不文饰。从民元到十四年的日记，离北平往厦门时并未带走，锁存北平客室里面。曾经有过一个使他不满意的客人，径自挖开锁来偷看了，事后给他晓得，可真气愤得很，足见他并非预备给人看的了，这是在他活着的时候所保持的态度。但是假如作为从此可以看出一部分真的面目，那么这日记是最真不过的了，在研究一位在民族文化史上很重要的人物，对这是不应忽视的。况且以他自己一生的坦率，日记并没有不可告人之处，我们无须保持珍秘。但倘使说从这里可以窥知一切，那也恐怕未必尽然。

所以日记虽然"写的是信札往来"，有时也不全写。例如很托熟时常来往的人，和他通信，日记里是不大找得到的，《两地书》的信札往来，日记就不尽写出。又如有关政治的人物和他通信或见面时，他也不一定写在日记里。这理由很简单，自然是防到文字狱发生时的不便。至于"银钱收付"，据我观察所得，付出方面，倒不一定记载，而收入以及别人归还的，就比较不大肯遗漏。这缘故大约是付给人的，并没有以债主自居的态度，不必斤斤于账目。所以有时同是一人，并不见写出付款年月、数目，而等到归还，就会写出的了。

因此我们可以得一概念，他的日记写的大约是不大不小的事。太大了，太有关系了，不愿意写出；太小了，没什么关系了，也不愿意写出。其间写作的大部生活，整天地忙碌非常，也不过在工作的某时期偶然说起就是了。

日记里有时写出"夜失眠"三字，别人看看很简单，不大理会的，其实里面包含许多辛酸处。有时为了赶写文稿，期限急迫，没有法子，整夜工作了。但是有时并不因为工作忙，而是琐屑之事，或者别人家一不留心，片言之间，毫不觉到的，就会引起不快，可能使他眠食俱废。在平常人看来，或者以为这是大可不必的，而对于他就觉得难堪了，这在热情非常之盛的人，是会这样的。然而这是于他的病体很不相宜的，或者也可以说，他的病体促成这急激的脾性。可惜这一切的解释，知道得太迟了，没有好好珍惜他的身体，这是我每一想到都好像犯了终身不可告人的罪恶一样的惭疚痛悔。有时，他太忙了，或者因了什么不痛快的事刺激他，因此也许不免焦躁，容易动气，这是我了解得到的，我应该加倍小心，体谅他。然而彼此都是感情的动物呢，一面体谅，一面就含有勉强的克制性，待到勉强不来，自我的个性起来，大家就缄默一时。缄默之后，他也常常抱歉似的说："做文学家的女人真不容易呢，讲书时老早通知过了，你不相信。""世间会有百听百从的好人的吗？我得反抗一下，实地研究研究看。"这有时是我的答复，时常就这样地和气起来了，我们从没有吵闹过。

鲁迅与中国木刻运动

　　执起笔来就觉得一种凑巧，当鲁迅先生到沪不久，开始提倡木刻时，第一次介绍印刷品于读者之前的就是《近代木刻选集》。那时正是一九二九年一月，距离现在——一九三九——刚刚十周年。在历史家的眼光中，这短短的十周年算得什么呢？就是一个人，生长到十周岁了，像海婴现时一样大，中什么用？然而木刻界，中国的木刻家，成绩却很可观。在鲁迅先生一九三四年十月给沈振黄先生的信，对于第一次由各木刻研究者所出的集体创作的推荐中，曾经称许为：

　　这一本《木刻纪程》，其实是收集了近二年中所得的木刻印成的，比起历史较久的油画之类来，成绩的确不算坏。

　　离《木刻纪程》出版到如今已是五年了。距发动木刻至今，已有十年。今后必更枝叶扶疏，成木成林，森森郁郁发展起来。追怀已往的经过，就记忆所及的略述一二，以供艺术界参考。

一　搜集版画和出版木刻书

鲁迅先生向来爱好美术，对于艺术书籍，尤其时常关心，欢喜购置浏览，一有些周转灵便，就赶紧托人把马克和法郎，寄到在德国留学的徐诗荃先生和在法国研究的季志仁先生那里，托其寻搜版画。虽则他自己总在谦逊着不懂得艺术，一旦谈起来，却会比许多"大师"内行、精通，试看他介绍木刻书的小引和给木刻研究者的通信，便是很好的铁证。

大约是编《奔流》之故吧，当一九二八年的时候，他编书的脾气是很特殊的，不但封面欢喜更换，使得和书的内容配合，如托尔斯泰专号，那封面就不但有书名，而且还加上照片。内容方面，也爱多加插图，凡是他手编的书如《奔流》，以及《译文》，都显现出这一特色。而插图之丰富，编排之调和，间或在刊物中每篇文稿的前后插些寸来大小的图样，都是他的爱好。即在现时研究起来，上述刊物拿到手头，没有人不觉得满意的。然而因之成本太大，老板们逐渐觉到为难了，也是事实。他自己却又没有如许资本自办刊物，因之往往很有未展怀抱之慨，这在鲁迅先生自己，是常引以为憾的。

就因为编《奔流》时需要很丰富的插图，却没有地方可借。虽则偶然可以托建人先生向东方图书馆借到一二，但不敢拿去制版，恐怕污损了没法送还。有些人的性情又难逆料，当鲁迅先生自己去到制版所的时候，有一回告诉他们蚀腐的时间多少，印起图来才算恰到好处，对于怎样的纸张适于印图等，那位负责人不但对于那一张图纸，用了视觉不够，还添上触觉，以手抚摩，还是研究不清，陡然把那图纸用手撕毁一角，来研究它的质地，这么一来，这张图被毁了。又有一次，印连史纸的《梅斐尔德木刻士敏土之图》，书印好了，就是原图不见拿来。托人再三去催，好容易送来了，已经把那大幅的散张版画，很潦草地订作一本，而且把周围边缘也切去不少，约存原图三分之二，据说他们以为书出来了，原图就不必要，应该"落下来"了。鲁迅先生一面惋惜那原图的肢体不全，一面诧异于有些中国印刷界的特殊举措，所以凡是作图，能够找到外国店家更好，或者自己奔走，甚至为了制图而购置双份图书的时候也时常有。因此之故，托商务印书馆向外国带书，许多英国的木刻，内中大约不少是这样带来的。原先不过志在给《奔流》预备找插图而搜求的新书，因了所见一多，引起爱好，更大事购置，于是一九二九年的《近代木刻选集（一）》以全部介绍英国作家作品，和中国艺术界见面了。

　　这时朝花社的几位朋友是早晚两餐即能相见，每次在一同吃饭之后，一定就借饭后的休息来讨论出版事务。最热心而又傻子似的埋头苦干的柔石先生，听到鲁迅先生说中国信笺也是木刻之一时，他为好奇心所驱使，竟然把中国信笺寄了一些到欧洲去，意外地也会收到回信及木刻，大家就更欢天喜地。这时真有点沉迷于版画，分头去搜寻，寻到了一些欣赏的画片，总多方设法介绍出来。有时也会到别发洋行之流的外国书店去找出一些来。正在引起注意的时候是不会轻易放过的，因此除了英国之外，又留心到别的国度，在《近代木刻选集（二）》里面，就介绍了法、俄、美、日等国的作家。

因了一种认识，觉得木刻不单局限于书籍的插图而已，在艺术界所赋的使命很大，这留待下面再详说。唯其觉得使命之大，就更有借助他山之意。幸而到了一九三〇年左右，有了更好的机会，在法国的有陈学昭女士和季志仁先生，曾经费了不少的时间替先生找木刻书，例如 *Les Artistes Duolivre*（书籍《插画家》）是偶然夹在木刻书中带到了三两本，引起先生的爱好，赶紧写信托他们继续买来。后来觉得已出的几本没有搜到，很是可惜，再托他们到旧书店去找，这就不容易了，因为欧洲出版界日新月异，出过了的，有时真有无处去寻之慨。好容易费了季先生不少的精神和时间，终于给找齐了，现在计保存的是从第一至第二十三本，每数册合包一札，记出书名，还是先生的手泽呢。

德国木刻是托徐诗荃先生代买来的，那时徐先生正留学彼邦，特为找寻木刻而引起学习兴趣，自己还选了这一科目去学习，所以他寄来的木刻图本，大抵是经过他的名师指导，很内行地精选得来。在一九三五年一月给唐诃先生的信中曾经提起过：

德国版画，我早有二百余张，其中名作家之作亦不少，曾想选出其中之木刻六十幅，仿《引玉集》式付印，而原作皆大幅（大抵横约 28cm，直 40cm），缩小可惜，印得大一点，则成本太贵，印不起，所以一直搁到现在的。但我想，也只得缩小，所以今年也许印出来。

结果出了一本最后的木刻，德国凯绥·珂勒惠支女士的版画选集。那已经是大病之后的七月间，在近百度的暑热中，我和先生一同在地席上一页页地排次序，衬夹层，成为病中的纪念出品了。有时寄来的图，简直不像木刻，优美到栩栩欲活的彩色蝴蝶，先生特镶了镜框挂在举目可见的寝室兼书室的墙壁上。徐先生兴致很好，有时旁及剪纸，也偶有一二寄到，先生也把它特配一镜框，放在桌上。

收集苏联木刻，是因了找《铁流》插图（参看《引玉集》后记），托旅居莫斯科的曹靖华先生去搜寻。得来之后，只要寄些中国纸去作代价就好。于是先生特自跑到纸店，买来各种宣纸及抄更纸等，托了朋友带去。之后，又寄回不少木刻来。又寄纸去表示答谢。有一次是托史沫特莱女士带的。从木刻里面，见到新社会的水闸、工厂、伟大的建筑、伟大的新事业，及伟大的艺术，借无须书面说明的图片反映出来了。艺术不限于雕虫小技，而是描绘当前的历史现实，如《铁流》之图，如《毁灭》插图等，给了先生一种新的艺术观，成为苏联木刻的爱好者。自己印的一部《引玉集》，目的是以先进艺术的认真、精密，来针砭中国艺坛的病态，在一九三四年六月间复西谛先生信云：

　　盖中国艺术家，一向喜欢介绍欧洲十九世纪末之怪画，一怪，即便于胡为，于是畸形怪相，遂弥漫于画苑。而别一派，则以为凡革命艺术，都应该大刀阔斧，乱砍乱劈，凶眼睛，大拳头，不然，即是贵族。我这回之印《引玉集》，大半是在供此派诸公之参考的，其中多少认真、精密，哪有仗着"天才"，一挥而就的作品，倘有影响，则幸也。

又曾替良友公司选定麦绥莱勒的《一个人的受难》，麦氏还有三种木刻亦在同店印行，据先生意见，是只可看而不可学，一九三四年四月五日给张小青先生函中有云：

　　良友公司所出木刻四种，作者的手腕，是很好的，但我以为学之恐有害，因其作刀法简略，而黑白分明，非基础极好者，不能到此境界，偶一不慎，即流于粗陋也。唯作为参考，则当然无所不可。而开手之际，似以取法于工细平稳者为佳耳。

同年十二月给金肇野先生函云：

良友公司出有麦绥莱勒木刻四种，不知见过没有？但只可以看看，学不得的。

后来又帮助良友公司选了一部《苏联版画选集》，那已经是一九三六年的四月间了，这些苏联版画，被展览于八仙桥青年会。那时先生是潜居着，苏联大使方面深知他的爱好苏联版画，以及介绍之劳，特托人来关照，如果不便公开去观览，是可以另辟时间，特予招待的。但是先生婉谢了，在公展期间的上午去看，并且订购了八幅，除了《水闸》等几张，另外也有为了书的插图而买的。这天他非常之兴奋，看完一遍，就在食堂用膳，后又陪同司徒乔先生等再看了一次，然后回去。待到展览结束之后，先生总像小孩焦念着买来的玩具到手似的。有一天，史沫特莱女士亲自送来了，而且口头带到的好意，是苏联大使把他订购的八幅连同镶好的镜框全送给他了，一个钱也不要。

另外关于中国木刻，和西谛先生合出了一部《北平笺谱》，先生早在一九二九年《近代木刻选集（一）》里就这样说过：

中国古人所发明，而现在用以做爆竹和看风水的火药和指南针，传到欧洲，他们就应用在枪炮和航海上，给本师吃了许多亏。还有一件小公案，因为没有害，几乎忘却了。那便是木刻。

虽然还没有十分的确证，但欧洲的木刻，已经很有几个人都说是从中国学去的，其时是十四世纪初，即一三二〇年顷。那先驱者，大约是印着极粗的木版图画的纸牌；这类纸牌，我们至今在乡下还可看见。然而这博徒的道具，却走进欧洲大陆，成了他们文明的利器的印刷术的祖师了。

木版画恐怕也是这样传去的……

…………

……倘为事情所许，我们逐渐来输运罢。木刻的回国，想来绝不至于像别两样的给本师吃苦的。

从上面小引所说的，就足够明白先生为什么把木刻运回，又为什么把固有的版画如《北平笺谱》，以及出了一本的《十竹斋笺谱》付印了。然而别有怀抱、站在云里的人们，是不需要查看世间的实际情形的，随便给一个罪名，也算是拖人入水，陪陪自己的污湿。

以上种种，无非说到先生的替中国木刻界尽一些搜集绍介之劳，以备国人参考再造。他自己承认不会创作木刻，只任绍介翻印之类的工作，一九三四年复沈振黄先生函云：

这一本《木刻纪程》……都由通信收集，作者与出版者，没有见过面的居多，所以也无从介绍。主持者是一个不会木刻的人，他只管付印。

同年写给李桦先生信亦云：

> ……至于我，创作是不会的，但绍介翻印之类，只要能力所及，也还要干下去。

因着三四年的搜集，相当丰富了，先生的脾气不是当作字画古董来收藏，而是要公之于众的，于是就想到展览方面了。

二　版画展览和教授木刻

除了欧洲及苏联的版画，鲁迅先生又经常订阅日本方面旧式的木刻《浮世绘大成》，旧式的《黑与白》《版画》等。一九三〇年的十月间，先生发起开"版画展览会"于北四川路"购买组合"第一店楼上，一切会场布置，以及图片的安排，都是煞费苦心的。配合光线，引起美感，固然要紧，而因为当时对于版画的压迫，甚至有以弄版画的人就是共产党来看待的缘故（参看《且介亭杂文末编·写于深夜里》三至五段），以至借地方来开画展实在不容易，所以不得不借日本店楼，不得不顾到版画的范围。除了特意安排不少日本版画之外，对于凯绥·珂勒惠支女士的连环版画，富含反抗性的，为了减轻空气的重压，特地把它分散在几个房间。这一次展览会很引起各方注意，至少逐渐唤起文化界对于木刻的认识了。因了这一次的基础，在第二年的八月间，内山书店老板内山完造的弟弟——

艺术家嘉吉先生来到上海，由先生的敦请，嘉吉先生毅然答应在短短假期来沪的百忙中抽出几天来义务教授学生木刻术，先生亲任翻译。这个青年团体名"一八艺社"。之后，该社更被注意了，谁是这一社的，在学校就被开除，在社会被目为共产党，好些个人因之牺牲了，甚至凡学木刻者都该犯罪似的。当时的青年又太天真，不会相信横祸是怎样来的，甚至封面用马克思像，而内容却并不可怕，因之鲁迅先生不得不去信向一般人提醒了，一九三四年四月给李雾城①先生信云：

　　……更不好的是内容并不怎样有力，却只有一个可怕的外表，先将普通的读者吓退。例如这回无名木刻社的画集，封面上是一张马克思像，有些人就不敢买了。

为了普遍到能够引起一般读书界的注意、看重，把路开拓起来，鲁迅先生甚至主张杂入静物、风景等，在同是给李先生信里很恳切地说道：

　　木刻还未大发展，所以我的意见，现在首先是在引起一般读书界的注意、看重，于是得到赏鉴、采用，就是将那条路开拓起来，路开拓了，那活动力也就增大；如果一下子即将它拉到地底下去，只有几个人来称赞阅看，这实

---

① 陈烟桥：笔名李雾城，中国版画家。

在是自杀政策。我的主张杂入静物、风景、各地方的风俗、街头风景，就是为此。现在的文学也一样，有地方色彩的，倒容易成为世界的，即为别国所注意。打出世界上去，即于中国之活动有利。可惜中国的青年艺术家，大抵不以为然。

这一个细微的缺点，很快就纠正过来了，到现在木刻和一切国民需要起了共鸣，再没有以前的过虑了。

当讲授木刻的时候，也真可怜，中国除了刻图章用的一头尖角一头平角的刻刀之外，几乎什么也没有。木头用哪一些，也是没处去买的，除了内山书店有现成的之外，要自己去找寻，刨光。总而言之，一切都没有准备。但木刻刀至少有三数枚大小不一、弯直斜面不同的，才能够适用。

经过一九三二年"一·二八"上海的事变，再兼两三年来的避难，等等，唯恐所保存的新旧版画散失，有机会总想法展览的。至一九三三年十月，假北四川路千爱里开"木刻展览会"。这次的展览比较第一次更丰富了，看到过的没有不留一好印象，先生更兴高采烈，从我们住的大陆新村楼窗上望到隔墙的千爱里川流不息的人群，有时喜不自禁地又从寓所跑到会场中去照料一下呢。

三　对研究木刻的意见

鲁迅先生对于中国的木刻界是一手扶植、爱护备至的。他那些给木刻研究者的一批批通信，似严师，像慈父；真似如闻其声，如见其人，所以许多散处各方的青年，无问远迩，都来请教。他不啻在家里开了一个义务的木刻函授学校，而且是不定期限的；又不时把木刻创作给介绍到刊物上，还极力设法把它介绍到苏联等国展览；更替他们编订《木刻纪程》，自己亲手印出样本拿去付印，以至成书，都不辞劳瘁地用心去干。这精神给一般人印象之深，直至他死了，哭得最伤恸的，是木刻界诸君子，真是有动于中、情不自禁的。现在再把先生的意见撮要摘下，有些不无明日黄花之感，不妨窥测当时情景于一二的：

　　木刻为近来新兴之艺术，比之油画，更易着手而便于流传。……开手之际，似以取法于工细平稳者为佳耳。（一九三四年四月五日答张小青）

　　我曾经看过 MK 社① 的展览会，新近又见了无名木刻社的《木刻集》（那书上有我的序，不过给我看的画，和现在所印者不同），觉得有一种共通的毛病，就是并非因

①　即 MK 木刻研究会，是 1931 年由鲁迅创办于上海"一八艺社"内的社会团体。

为有了木刻，所以来开会、出书，倒是因为要开会、出书，所以赶紧大家来刻木刻，所以草率、幼稚的作品，也难免都拿来充数。非有耐心，是克服不了这缺点的。

木刻还未大发展，所以我的意见，现在首先是在引起一般读书界的注意、看重，于是得到赏鉴、采用，就是将那条路开拓起来，路开拓了，那活动力也就增大；如果一下子即将它拉到地底下去，只有几个人来称赞阅看，这实在是自杀政策。我的主张杂入静物、风景、各地方的风俗、街头风景，就是为此。现在的文学也一样，有地方色彩的，倒容易成为世界的……

况且，单是题材好，是没有用的，还是要技术；更不好的是内容并不怎样有力，却只有一个可怕的外表……（一九三四年四月十九日答李雾城）

……访木刻家是无益的，因为就是已有成绩的木刻家，也还在暗中摸索。（一九三四年十月二十四日复沈振黄）

……要技艺进步，看本国人的作品是不行的，因为他们自己还很有缺点……
……………
……木刻的根底也仍是素描……（一九三四年十二月十八日夜复金肇野）

……木刻的基础，也还是素描……无非多看外国作品，审察其雕法而已。参考中国旧日的木刻，大约也一定有益。（一九三四年十二月二十四日复沈振黄）

木刻确已得到客观的支持，但这时候，就要严防它的堕落和衰退，尤其是蛀虫，它能使木刻的趣味降低，如新剧之变为开玩笑的"文明戏"一样。（一九三四年十二月十八日夜答李桦）

关于木展的刊物，也都收到，如此盛大，是出于意外的，但在这时候，正须小心，要防一哄而散，要防变相和堕落。（一九三五年一月十八日复唐诃）

"连环图画"确能于大众有益，但首先要看是怎样的图画。也就是先要看定这画是给哪一种人看的，而构图、刻法，因而不同。现在的木刻，还是对于智识者而作的居多，所以倘用这刻法于"连环图画"，一般的民众还是看不懂。

看画也要训练。十九世纪末的那些画派，不必说了。就是极平常的动植物图，我曾经给向来没有见过图画的村人看，他们也不懂。立体的东西变成平面，他们就万想不到会有这等事。所以我主张刻连环图画，要多采用旧画法。（一九三五年六月二十九日答赖少麒）

以上是对一般研究者适合参考的。对于每一个人寄到的创作，先生总是尽可能地急急作复，提供他个人的意见，其实大家留意考虑，也是一种很好的参考。现在摘录几个例子如下，由此更可见得先生对艺术的造诣之高深，以及观察的无微不至：

……其中的"木目木刻"，发音不便，"木目"又是日本话，不易懂，都改为"木面木刻"了。
…………
应洲的《风景》恐不易制版，木版虽只三块，但用锌版，三块却不够，只好做三色版，制版费就要十五六元，而结果仍当与原画不同。
野夫的两幅都好，但我以为不如用《黎明》，因为构图活泼，光暗分明，而且刻法也可作读者参考。
《午息》构图还不算散漫，只可惜那一匹牛，不见得远而太小，且有些像坐着的人了。但全图还有力，可以用的。（一九三三年十一月九日复吴渤）

擅长木刻的，广东较多，我以为最好的是李桦和罗清桢；张慧颇倾向唯美，我防其会入颓废一流。刘岘（他好像是河南人）近来粗制滥造，没有进步；新波作则不多见。……
先生寄给我的四幅，我不会说谎，据实说，只能算一种练习。其实，木刻的根底也仍是素描，所以倘若线条和明暗没有十分把握，木刻也刻不好。这四幅中，形象的印象，颇为模糊，就因为这缘故。我看有时候是刻者有意的躲避烦难的，最显著的是Gorky的眼睛（他的显得眼睛小，是因为眉棱高）。（一九三四年十二月十八日夜复金肇野）

　　……先生的木刻的成绩，我以为极好，最好的要推《春郊小景》，足够与日本现代有名的木刻家争先；《即景》是用德国风的试验，也有佳作，如《蝗灾》《失业者》《手工业者》；"木刻集"中好几幅又是新路的探险，我觉得《父子》《北国风景》《休息的工人》《小鸟的命运》，都是很好的。不知道可否由我寄几幅到杂志社去，要他们登载？自然，一经复制，好处是失掉不少的，不过总比没有好；而且我相信自己绝不至于绍介到油滑无聊的刊物去。

　　北京和天津的木刻情形，我不明白，偶然看见几幅，都颇幼稚，好像连素描的基础功夫也没有练习似的。上海也差不多，而且没有团体（也很难有团体），散漫得很，往往刻了一通，不久就不知道哪里去了。我所知道的木刻家中，有罗清桢君，还是孜孜不倦……

　　……我深希望先生们的团体，成为支柱和发展版画之中心……（一九三四年十二月十八日夜复李桦）

上举各例，不过表示先生对木刻的精细批评，并非对创作家的暴露缺点，而且当然今非昔比，日进无疆，是不必讳其少作的。

四　其他

中国木刻从一九二九年以来都是遭受压迫，越加发荣滋长的。现在则成为花开灿烂，更望加紧警惕，不要走到先生所惊惧的"要严防它的堕落和衰退"，或"木刻的趣味降低"的路上去才好。

木刻的发起者鲁迅先生，是不会木刻的人，他是希望有坚强的团体，成为支柱和发展的中心的。今年夏间"全木协会"为纪念鲁迅先生逝世三周年而有一"鲁迅木刻展"成立，惜相隔甚远，未能窥测经过情形，然人才集中，群合其力，是无疑的，自惭当时收到通知，而未能稍尽微力，只托刊物介绍而已。研究木刻诸君，生活多艰，但仍安之若素，为艺术而奋斗，虽为"大师"之流所不屑道于开头，而独能排除万难，大有建树，使不屑道者见之低头、失色，直至现在，还及将来，是有它的使命的。要问木刻的目的吗？鲁迅先生一九三五年六月二十九日复唐英伟先生函云：

现在只要有人做一点事，总就另有人拿了大道理来非难的，例如问"木刻的最后的目的与价值"就是。这问题之不能答复，和不能答复"人的最后目的和价值"一样。

但我想：人是进化的长索子上的一个环，木刻和其他的艺术也一样，它在这长路上尽着环子的任务，助成奋斗、向上、美化的诸种行动。至于木刻、人生、宇宙的最后究竟怎样呢，现在还没有人能够答复。也许永久，也许灭亡。但我们不能因为"也许灭亡"就不做，正如我们知道人的本身一定要死，却还要吃饭也。

"尽着环子的任务，助成奋斗、向上、美化的诸种行动"，这是木刻界的新使命。完成了它的一天，也就是目的达到的一天。在今年十周年木刻纪念的当中，我木刻界诸君，有不愤然而起，早晚把这几十个字悬之左右，作为箴告，身体力行，为艺术界寻求光明，放一异彩，尽千万分的努力的吗？

鲁迅《病中通信》附记

信共九封^①，从一九三六年六月至九月。系就鲁迅先生大病后的通信中择较有意义的，经广平再三要求，始许允诺抄录底稿的。其中通信标题如第四封，他就说：《复蔡斐君》；第五封：《答欧阳山》；第六封：《复杨霁云》；第七封：《复王冶秋》；第八封：《寄许季茀》。俱于信抄毕时，由先生亲口授之者。捧诵遗札，音容宛若，弥增凄怆耳。

曹白先生，因有北方友人函询先生病状，特嘱我写些大概。先生得知了，就说："那许多关系你写不好的，还是由我拟出吧。"结果是他起稿，用我的名义抄录寄出。我以为这一封信可以算是先生自己对于病状的报告文字。当时信底写好之后，先生颇觉满足。就说："如果你写起来，一二千字也写不到这样详尽呢。"我是除了承认之外，没有别的话好说。

---

① 这九封信都已收入《鲁迅全集》，它们是 360625 致曹白、360806 致时玳、360816 致沈雁冰、360818 致蔡斐君、360825 致欧阳山、360828 致杨霁云、360908 致叶紫、360915 致王冶秋、360925 致许寿裳。

　　先生自己作为文艺者的修养是很注意的。他的胸怀朗豁，对于无聊文字及与人言谈上稍涉及"无关大体的无聊事"，就往往设法避开。就是对于我有时因杂务忙碌，一时静不下来，随手翻阅一般刊物，也时常警告，说不如拿有用的光阴看别的有益著作。看他给时玳先生的信，生怕"令人变小"。这种管自己放开脚步前进的豪迈心情，多数不为人所了解。说他"气量小，一点点小事就和人争闹"，这徒然是说的人给自己写照，毫没有损到先生。

　　有人说他把持文坛，事实上他日夕希望多些人出来，他从没有在文坛上扩大私人势力的念头。看他对《文艺工作者宣言》的解释，对《作家》的态度，就是一个有力的反驳。

　　先生夏间大病之后，就有些稿件寄来，嘱其阅看、介绍，或者约他会见接谈，执笔通信，像平常人一样。而病实在不容许他有这么多的精力，所以当收到这些信时，往往感情无既，太息地说："他们当我还是青年，病两三天就立刻像好人一样。其实年纪大了，恢复是不会那么容易的。"

　　对于徐懋庸先生，大家多以为他们原有过诚挚的通信，不应该忽然不留余地。这是估量错的，他从没有无缘无故和人决绝相骂，除非再三审度，忍无可忍之后。他的给徐先生的最后回信是并不作为对个人的，明白了这样的心情、态度，才可以理解他的战斗的历程。

　　关于太炎先生，先生着重在他的革命史实，使真假得以充分昭示后人。这一点我们从他给许先生的信和遗著《关于太炎先生二三事》等就可以明白。

《且介亭杂文末编》后记

《且介亭杂文》共三集，一九三四年和一九三五年的两本，由先生自己于一九三五年最末的两天编好了，只差未有重看一遍和标明格式。这，或者因为那时总不大健康，所以没有能够做到。

一九三六年作的《末编》，先生自己把存稿放在一起的，是自第一篇至《曹靖华译〈苏联作家七人集〉序》。《因太炎先生而想起的二三事》和《关于太炎先生二三事》，似乎同属姊妹篇，虽然当时因是未完稿而另外搁开，此刻也把它放在一起了。

《附集》的文章，收自《海燕》《作家》《现实文学》《中流》等。《半夏小集》《这也是生活》《死》《女吊》四篇，先生另外保存的，但都是这一年的文章，也就附在《末编》一起了。

先生在《白莽作〈孩儿塔〉序》中说："一个人如果还有友情，那么，收存亡友的遗文真如捏着一团火，常要觉得寝食不安，给它企图流布的。"所以就不自量其浅陋，和排印、装订的草率，急于出版的吧。

　　这里重承好几位朋友的帮助，使这集子能够迅速付印。又蒙内山先生给予便利，得以销行，谨当深深表示谢意的。

《集外集拾遗》编后说明

鲁迅先生预备这集子的意思大约是这样的吧：因为《集外集》所载的尚觉有未备之处，似乎还可以补足一下。所以特地托老友宋紫佩先生，把平寓所存的《晨报副刊》《京报副刊》《莽原周刊》等寄来。之后，费了不小心血，自己亲自抄录，有可以补充的，随时给写下"补记"，如《编完写起》等是。有在本文之后添列别人文件作者备考的，如《咬嚼之余》《咬嚼未始乏味》《田园思想》等是，为了添加备考，所以本文虽则在《集外集》登载过，这里仍将篇名列入。其《梦》《爱之神》《桃花》《他们的花园》《人与时》《渡河与引路》《杂语》《流言和谎话》等，虽则费了先生一番功夫，抄写出来，但因已见《集外集》，而亦未附加补记之类，由广平斗胆抽去，以免重出。

很不幸地，先生编辑未完而病作了。《集外集拾遗》这书名是他自己定的。本书编辑法，则依照先生校正过的《集外集》的式样排列，以归划一，而表遵循。

《集外集》预备出版送检时，其中《编者引言》《来信》《启事》《老调子已经唱完》《上海所感》《今春的两种感想》《帮忙文学与帮闲文学》《〈不走正路的安得伦〉小引》《〈英译本短篇小说集〉自序》《译本高尔基〈一月九日〉小引》等共十篇，那时被抽去了，先生特另纸抄载书目，虽则原稿已落于检察官之手，幸而如《今春的两种感想》等篇，承好友之助，得以重行补全，俾符先生特意收入《拾遗》中的原意。

其他如《怀旧》《一个罪犯的自述》《我才知道》《中山先生逝世一周年》《何典题记》《〈十二个〉后记》《〈争自由的波浪〉小引》《〈游仙窟〉序言》，及《艺苑朝华》之《〈近代木刻选集〉小引》《〈蕗谷虹儿画选〉小引》《〈比亚兹莱画选〉小引》《〈新俄画选〉小引》《〈浮士德与城〉后记》《〈静静的顿河〉后记》《〈梅斐尔德木刻士敏土之图〉序言》《〈铁流〉编校后记》《好东西歌》《公民科歌》《南京民谣》《言词争执歌》《〈解放了的唐·吉诃德〉后记》《〈北平笺谱〉序》《〈引玉集〉后记》《〈城与年〉插图小引》等篇，谅为先生故意删掉或漏落，或年远失记，一向没有收集的。为了敬仰先生的一切，全集尽力之所能集，这里也都编入了。

先生于古诗虽工而不常作，偶有所感，也多随录随失。兹就能搜求及的，附之集内。

先生毕生对于文字，态度严肃，故每一执笔，虽寥寥数言，颇费匠心，且多为读者所揣摩爱好。如《〈译文〉前记》

《〈奔流〉凡例》，及《海上述林》等之介绍广告，每于字里行间，卓具风格，特附于后，或不无意义欤。

所深自疚歉的，就是先生文章浩瀚，普散各方，历时且久。以个人微力，匆促编就，烽火遍地、文化凌夷之际，如《河南》杂志中的《破恶声论》等篇，虽承杨霁云先生示知，而无从搜到。或更有遗漏，在所不免。所冀爱好先生著作者，有以助之，俾将来益臻完备，幸甚。

虽然，本集之得以付印成书，其中许多不易收集到的材料，仍然是感谢远近好友赐以指导的，特此表示谢意。

《死魂灵》附记

提起《死魂灵》，又把我那沉重的铅块，从心底里吊将起来了。我真怕想起它，而又不愿不想起它；也就是想：得以多多记起鲁迅先生。

我从《死魂灵》想起他艰苦的工作：全桌面铺满了书本，专诚而又认真地、沉湛于中地、一心致志在翻译。有时因了原本字汇的丰美，在中国的方块字里面，找不出适当的句子来，其窘迫于产生的情况，真不下于科学者的发明。

当《死魂灵》第二部第三章翻译完了时，正是一九三六年的五月十五日。其始先生熬住了身体的虚弱，一直支撑着做工。等到翻译得以告一段落了的晚上，他抱着做下了一件如心的事之后似的，轻松地叹一口气说：休息一下吧！不过觉得人不大好。我就劝告他早些医治，后来竟病倒了。那译稿一直压置着。到了病有些转机之后，他仍不忘记那一份未完的工作，总想动笔。我是晓得这翻译的艰苦，是不宜于病体的，再三地劝告。到十月间，先生自以为他的身体可以担当得起了，毅然把压置着的稿子清理出来，这就是发表于十月十六日的《译文》第二卷二期上的。而书的出来，先生已不及亲自披览了。人生脆弱及不到纸，这值得伤恸的纪念，想读者也有同感的。而且这果戈理未完成的第二部，先生更在翻译上未为之完成，真非始料所及，或者也算是一种巧合吧。

《鲁迅全集》编校后记

鲁迅先生禀赋超卓，强记敏感，热爱群伦，而遇多拂逆。毕生心血，寄诸楮墨，喜怒哀乐，达于文辞，率直淋漓，不假掩饰，渊博纯正，光芒四射，而一以振励民族精神为依归，决不同于屈原之徒发牢骚，司马迁之止于孤愤。先生著译宏博，仅就著述而言，达二十九种。先生遗稿中，即有手定的著述目录二纸。

[其一]

人海杂言：

1.《坟》300　《野草》100

　《呐喊》250　　　　　　　　　　　　　　　260 000

2.《彷徨》250　《故事新编》130

　《朝花夕拾》140　《热风》120　　　　　　255 000

3.《华盖集》190 《华盖集续编》263

《而已集》215 250 000

荆天丛草：

4.《三闲集》210 《二心集》304

《南腔北调集》251 280 000

5.《伪自由书》218 《准风月谈》265

《集外集》160 240 000

6.《花边文学》《且介亭杂文》《且介亭杂文二集》

说林偶得：

7.《中国小说史略》372 《古小说钩沉》上

8.《古小说钩沉》下

9.《唐宋传奇集》400 《小说旧闻钞》160 230 000

10.《两地书》

[其二]

一、《坟》300 《呐喊》250

二、《彷徨》250 《野草》100 《朝花夕拾》140

《故事新编》130

三、《热风》120 《华盖集》190 《华盖集续编》260

四、《而已集》215 《三闲集》210 《二心集》304

五、《南腔北调集》250　《伪自由书》218　《准风月谈》265

六、《花边文学》《且介亭杂文》《且介亭杂文二集》

七、《两地书》《集外集》《集外集拾遗》

八、《中国小说史略》400　《小说旧闻钞》160

九、《古小说钩沉》

十、《起信三书》《唐宋传奇集》

　　每书名后数字，是表示书的页数；最末的数字则表示字数。前一书目中，还没有把《集外集拾遗》预算成书；《且介亭杂文》的书名，亦未拟定。后一书目，大约是一九三五年以后修正的，就比较完备了。

　　记得先生大病前，曾经说到过，他自从一九〇六年二十六岁终止学医而在东京从事文艺起，迄今刚刚三十年。只是著述方面，已有二百五十余万言，拟将截至最近的辑成十大本，作一纪念，名曰《三十年集》。当时出版界闻讯，不胜欣忭，纷请发行。使先生不病且死，必能亲自整理，力臻美善。无奈愿与事违，先生竟病且死，死后行将二年，始将全集印行，捧诵遗著，弥念往昔，不胜痛悼。

　　先生每出一书，编校皆极谨严；广平襄助左右，多承指导，凡有疑难请益，片言立决，现在全集出版，彷徨疑似，指引无从。所有愆误，追悔莫及。所幸文化界同人，热心协办，卒底于成。谨就经过，略陈一二。

　　溯自先生逝后，举世哀悼。舆情所趋，对于全集出版，几成一致要求。函札纷至，荷蒙启迪，举其大要，则一望早日出版，二希收集完备，三冀售价低廉。窃思先生著述，其已印行者，整理较易。其未印行如《六朝造像目录》《六朝墓志目录》《汉碑帖》《汉画像》等，非专家竟难措手，整理最为困难。幸蒙先生老友许寿裳、画室两先生对纪念逝者，援助家属，向不辞劳苦。关于全集进行，亦不断惠函指示，始终给予许多宝贵帮助。一九三七年春，台静农先生亲临凭吊，承于全集，粗加整理。并约同许寿裳先生商请蔡元培、马裕藻、沈兼士、茅盾、周作人诸先生同意，任全集编辑委员。是时广平正拟在沪先行整理，俟得蔡元培、茅盾两先生指示之后，乘去夏暑假之便，赴平就教于马、许、沈、周诸先生暨台静农、魏建功、曹靖华、李霁野诸君子，冀集群思，使臻完善，然后携回沪上，设法印行。不料"七七"卢沟桥事起，一切计划，俱告停顿。去秋先生周年逝世纪念会席上，沪上文化界又复以全集出版事相督促。良以敌人亡我，首及文化。开战以来，国内文化机关、图籍古物，被毁灭者，不知凡几。出版先生全集，保卫祖国文化，实为急不容缓之事。然庐墓为墟，救死不暇；百业凋敝，谋生日拙；虽有大心，终无善策。而先生以一生心血，从事于民族解放的业绩，又岂忍其久久搁置，失所楷模。语云："纸张寿于金石。"自维无力为此，每一念及，怃焉心伤。幸胡愈之先生本其一向从事文化工作之热忱，积极计划全集出版事宜，经几许困难，粗具规模。且拟以其手创之复社，担当斯责；广平亦即欣然承诺。复社诸君子，尽海上知名之士，董其事者，为胡愈之、张宗麟、黄幼雄、胡仲持、郑振铎、王任叔诸先生。约定以编辑责任，归鲁迅先生纪念委员会；复社则主持出版，代理发行。唯纪念委员会同人，散处四方；集中编辑，势所难能。虽函件往还，指示实多，而实际责任，不得不集于少数人身上。所幸复社同人，措施得宜。工作皆有秩序，进行亦极顺利。六百余万言之全集，竟得于三个月中短期完成，实开中国出版界之奇迹。其各部工作概况，大略如次：

1. 编辑部工作：分集稿、抄写、编辑、校对各项

a. 集稿　先生著译，已有专书行世者固多，但散佚者，亦复不少。其已印成书而久经绝版者，有《月界旅行》、《地底旅行》、《域外小说集》、《艺术论》两种、《现代新兴文学的诸问题》、《文艺与批评》、《文艺政策》、《会稽郡故书杂集》等。《月界旅行》承杨霁云先生见借；《地底旅行》亦由杨先生从《浙江潮》第十期上抄录见寄，唯仅开首二章，阿英先生闻全集付排，即从其藏书中觅得全书见借，使成完璧。《域外小说集》，原有初版上集一册，且已封面烂坏，可资编印者，仅赖中华新出版本。幸蒯斯曛先生应邀参加编校事宜，知家藏有《域外小说集》下册初版本，即以见赠。封面完好如初，作淡蓝色，上署"域外小说人"篆字、"会稽周氏兄弟纂译"等字。毛边精装。虽穿线之铁丝已坏，而书式仍极美观。得此一书，其于校对时，启迪实多。《艺术论》两种及《现代新兴文学的诸问题》《文艺与批评》《文艺政策》等书，则早由周文、胡愈之两先生辛苦搜得。《会稽郡故书杂集》，本已雕版印行，但手写本

则存作人先生处，托魏建功先生借得，亲从北平运出，保存于昆明。此次全集出版，魏先生将此航寄至港，托茅盾先生请人带沪。全集编目之初，即将此书列入。然犹不知书在何处。辗转电询，凡阅一月有余，而犹无消息，心殊惴惴。迨一见稿本，如获至宝，欣喜之情，无言可喻。魏先生来书有云："先师手泽，得安抵尊处，私怀释然。自去年十一月装箱交运，浮沉港上凡五月，几至散失，于心惴惴也，今竟得如愿刻入全集，幸甚幸甚。"即此可知一书之成，殊非易易。其他未经付印，由先生编订辑录者，有《古小说钩沉》《嵇康集》《山民牧唱》及《集外集拾遗》。由广平辑录散佚译文而成书者有《译丛补》。《古小说钩沉》《嵇康集》《山民牧唱》写本完整，只要重行抄写付印即可。《集外集拾遗》一部分由先生亲自编订，一部分由广平续编。其中许多序文、后记，借助于王冶秋先生所编之《鲁迅序跋文集》的稿本者不少。《〈城与年〉插图小引》，则为先生于一九三六年三月十日扶病所记，原拟将此书付印，"以供读者的赏鉴，以尽自己的责任，以作我们的尼古拉·亚历克舍夫君的纪念"，但先生的计划没有实现而"亡故"了。我们的"悲哀""纪念"，要超过先生之于尼古拉·亚历克舍夫！本已计划个大概，拟印成与《引玉集》同样精美，不料也为"八一三"炮火所粉碎，说来真不胜悲愤。现在先将《小引》收在《集外集拾遗》中，以资提示，使他日得完成先生遗志。至《译丛补》一书，谢澹如先生帮助最多。谢先生曾将先生全部翻译佚文，分类抄成目录，用功极勤，全集集稿时并见借《前哨》《萌芽》《十字街头》《在沙漠上》《奇剑及其他》《朝花周刊》等书，然搜录之后，与谢先生所编译文目录对照，尚缺不少。谢先生于先生译文，本皆保存，徒因家在南市，旧藏皆毁于火，无法补足。幸文化界同人，闻讯之下，尽皆以各书见借。先后给予不少便利者，有柳亚子、阿英、徐川、唐弢、席涤尘、蒯斯曛诸先生。此中因缘已于《〈译丛补〉编后记》中稍及一二，这里不再详说。

最后关于集稿方面，犹须提及者，即为周建人先生将《药用植物》亲由日文校正一通，且把原书见赠，使制图更加清晰。又由郑振铎先生从美术专门学校，借得《近代美术史潮论》原书制版。因原书日本业已绝版，无从购得。而北新中译本，插图类多模糊，无法翻印。得此一书制版，使全集更加灿烂。心中感激，已非笔墨所能形容。

b. 抄写　此项工作，较为细碎。因原书或为借来孤本，或属先生手写，俱不宜于污染。《集外集拾遗》《月界旅行》《山民牧唱》等书，早由王贤桢先生抄录。《古小说钩沉》原分订十册，由王贤桢、单亚庐、周玉兰、吴观周、王厂青诸先生分抄。《嵇康集》则为先生老友邵文镕先生之长女公子景渊所抄。《地底旅行》全部和《译丛补》的大部分亦为邵先生之次女公子景濂、三女公子景洛、四女公子景渭等协力抄成。其关于辑录书籍的标点方面，同人中有拟不采用者，有主张应加标点者，兹为统一书例并使初学易解起见，特商请冯都良先生标点《嵇康集》及《古小说钩沉》，郑振铎、吴文祺两先生标点《会稽郡故书杂集》。冯、郑、吴三先生于国学极有研究，想可稍免于错误。

c.编辑　此项工作最为繁难，既须顾及作者年代，又须适合每册字数。过厚则装订为难，过薄则书式不一。几经煞费苦心，使成今日的排次，但亦不甚惬意。例如《药用植物》一书，翻译之时间较后，今则因十八卷字数太多，移至十四卷。第八、第九、第十各卷，著作年代较早，以其性质类似，则参照先生《三十年集》编排之初意，列于著述之部之最后。此一工作，以郑振铎、王任叔两先生用力为多。至字数方面原计共约五百万字，不意陆续搜寻，《集外集拾遗》超过先生预定约三分之二。而《地底旅行》亦补成全书。《竖琴》《一天的工作》，原定只收先生翻译部分；及动手编排时，因序文与各篇皆互有关联，《一天的工作》一篇本非先生所翻译，但既以篇名作书名，删去更不相宜。继思两书皆费先生无数心血，亲手编订，为免割裂，自应一并附入。至《译丛补》样本预先并未列入，盖以为未能搜集如此齐备，附于别一书后即可；今承文化界同人协助，使卓然得成巨帙，而全集字数遂超过六百万。

最后编辑方面，尚有一事足述。先生文章，其单行问世者，每有重出。如蒲氏《艺术论》序文，既列原书，又收于《二心集》中。编辑时遇有此种困难，则将此文保存于原书中，而另一书之目录上列入篇名，下注“文略见某某卷本书”字样，以资识别。此虽创例，但为节省篇幅，免却重出，不得不尔。

d.校对　此项工作，亦极困难。先生著译，发行者不止一家，且以时间先后，格式颇不一律。既出全集，最好能求统一。故于事先由负出版全责之黄幼雄先生，拟就"鲁迅全集排式"如下。

（1）每面十三行，每行三十五字。

（2）篇名上角，页码下角。

（3）题目占五行，连著者具名占六行。

（4）题目三号仿宋，空铅分开，上空五格。

（5）题目下具名四号长仿宋。

（6）题目下名字，下空三格，名字二字，中空一格。名字下空三格。

（7）译者具名，四号长仿宋。

（8）节目占二行，四号仿宋。

（9）节目上空六格。

（10）双面装：人名书名线排左旁，圈点排右旁。

（11）人名，地名 ＿＿＿＿（在左方）。

（12）书名用 ～～～～～。

（13）每段起行空二格。

（14）引用号：用双钩股，单双并用时，外双内单。

（15）引用文，题目空七格。

（16）引用文每段起行空五格，第二行以后空四格。

（17）单字成行时，应将上行移下一字，上行加空铅分开。

（18）批注排面末，细线隔开，上下空五格，用六号字。

（19）题目上下不排篇名页码。

（20）每篇文末月日用括弧，下空三格，用小五号字。

（21）另页另面，另加批注。

但在工作进行之间，校对同人认为尚应修订或增加者，有如下几点。

题目，右空二行半，左空一行半。

节目数字用四号方头，数字用旧式，上空八格，原用罗马字者仍其旧。

题记序文下附注年月日移上，上空二格，用五号字。

文下年月日改用六号，下空二格，加圈加括弧。

每篇另面排。

集名独占一页，不加框。

题下引用文用新五号，不用仿宋。

目录下不排页码目次，但页数仍算入。

序文、题记以下文字另页起排。

同时于用字方面，同人为存真起见，凡为先生爱用字眼，皆予以保存。如："蝴蝶"作"胡蝶"；"糢糊"作"模胡"；"彷彿"，有时作"仿彿""仿佛"，或"髣髴"；这裏、那裏的"裏"一律作"里"；"枪"作"鉜"；"锈"作"銹"；"於"作"于"（引用他人文字时仍作"於"）；"鬭"作"鬪"等。字，为求统一而改正者："脚却"作"腳部"，"这才"作"这纔"，"伶俐"作"伶俐"。但《域外小说集》等书，以其为先生早年译作，亦未必尽如前例，即如"于"字仍作"於"字。其中有许多古字，新出版本，虽予改去，兹为保存彼时先生习好，一仍其旧。又有《怀旧》一篇，为先生第一篇创作，圈点亦与全书不同。先生编《海上述林》时曾云："对于文辞，只改正了几个显然的笔误，和补上若干脱字……以存其真。"同人为体察先生之本意，故有此举。唯因此格式用字，颇有不统一之处。读者只能从不统一处见统一了。

至于工作之分配，约略如下：最初由朱础成先生负责校对三次，然后再由我们校对二次，改正后，再看清样一次。我们的初校者，为林珏、金性尧、王厂青、周玉兰诸先生，二校者又担任校对为唐弢、柯灵、吴观周诸先生和广平。吴观周先生对担任校对之收发分配接洽事宜，几等于我们校对部主任。最后一次清样，则由王任叔、蒯斯曛两先生担任。校对时，大都极为谨慎，一遇疑似之处，其有手写本或初版本可查看，则必一一查出改正，力求没有错误。但因时间匆促，错误一定难免，深望读者予以曲谅。

2. 出版部

此项工作为黄幼雄、胡仲持两先生所主持。书本的式样、纸张的良窳、制图的设计、印刷成本的计算，俱唯两先生之赖。两先生学识丰富，经验宏博，故能处理得有条不紊。同时承揽排字印刷工作者，一为大丰制版所，一为作者出版事务所。前者主持人为徐寿生先生，后者主持人为朱础成先生，皆不惜减低成本，为文化界服务。朱先生复精制象牙书签千枚，随书附送，用意更可感佩。至制图方面，为科学照相制版公司独立负责。较之原单行本，更为精美。

3. 发行部

复社工作，总揽其成者，为胡愈之、张宗麟两先生；在全集出版时，张先生全部精力，几尽放在发行方面；吴子良、施从祥两先生又复不辞劳瘁，热心奔走，积极推销全集：使人感佩无地。推销方法，分社友与非社友两种。凡愿为复社会员，得由本埠各社会团体介绍，廉价订购。其用意无非使鲁迅精神得以深入购买力较弱之各阶层。非会员则由通易信托公司、远东图书杂志公司、新新公司等代为预约。结果出乎意料，出版千五百部几大部分为本埠读者订购净尽。至外埠推销情形，虽不甚详，但华南方面得茅盾、巴金、王纪元等先生热心号召，成绩亦斐然可观。汉口方面得邵力子、沈钧儒诸先生特予介绍，订购亦极踊跃。国外方面，美国由陶行知先生推动，购者踊跃；南洋方面，索书巨数，致成供不应求之势，则王纪元等先生之力也。此中一切擘画策动，则全赖胡愈之先生。

又纪念委员会编印全集的意义，曾在《启事》中说明："目的在扩大鲁迅精神的影响，以唤醒国魂，争取光明。所以定价力求低廉，只够作纸张印费。但为纪念鲁迅先生不朽功业起见，特另印纪念本，以备各界人士珍藏。"所以本会主席蔡元培先生、副主席宋庆龄先生，曾通函海内外人士，募集纪念本，原函如下：

敬启者 鲁迅先生为一代文宗 毕生著述承清季朴学之绪余 奠现代文坛之础石 此次敝会同人特为编印全集

　　欲以唤醒国魂　砥砺士气　谅为台端所赞许　惟因全集篇
幅浩繁　印刷费用甚巨　端赖各界协力襄助　以底于成
除普通刊本廉价发行预约外　另印精制纪念本一种　以备
各界人士定购　每部收价国币一百元　将来除印刷成本外
如有溢利　一概拨充鲁迅先生纪念基金　素仰台端爱护文
化　兹特附呈鲁迅全集样本一册　倘荷赐购并介绍友人定
购　则不仅敝会之幸而已　顺颂
　　著祺

　　　　　　　　　鲁迅先生纪念委员会主席　蔡元培
　　　　　　　　　　　　　　　副主席　宋庆龄

　　蔡先生对全集出版方面，曾再三赐予援助，计划久远，费
去不少精神。且曾向商务印书馆设法订立契约；只以烽火弥
漫，商业停顿，欲即速进行，势有不可；而全集出版，众望殊
殷，事不宜迟。此中隐衷，幸蒙商务负责人王云五先生同情
谅解，来函允先出版，不胜感激。至蔡先生文章道德，海内
传颂，鲁迅先生一生，深蒙提掖，此次更承为全集作序知所崇
尚，鲁迅先生有知，亦必含笑九泉，岂徒私人的感幸。

　　总计此次编印全集经过，个人虽承友朋指导，有若干预
备，但实由复社同人暨各界人士合力而成。历时四月，动员百
数十学者文人以及工友，为全集而挥笔、排校，以齐赴文化保
卫的目的，我个人的感谢，实无法形容。然此亦可见中国已团
结如铁石，任何外力，不能侵略了。

鲁迅先生昔曾说过："其实我也不必多说了，我所要说的，都在几十本著作里面了。"他不自己承认有天才，又说："哪里有天才，我是把别人喝咖啡的工夫都用在工作上的。"他实在是不断学习，不断努力。当他抱病时，朋友劝他休息。他就说："什么是休息，我是不懂得的；怎样娱乐，我也全不会的。"但还有人说他"有闲"！现在全集出版，就作一次总答复吧！一九三六年夏间，当先生病重时，适世界大文豪高尔基逝世，以高氏毕生的文化功绩和对革命的贡献，人们是应该痛惜的，而且甚至不禁叹息说："为什么鲁迅不死，死了高尔基？"这为什么，是没有人能解答的。但鲁迅先生自己很清楚，他说："我哪里比得上高尔基？"如果先生一死，的确可以替代高尔基的话，那真是"如可赎兮，人百其身！"鲁迅先生是不会吝于一死的。但奇怪的是，他真个死了之后，却又有不少人说："中国的高尔基死了。……他的死，在中国，比苏联损失一个高尔基还要大。"

现在全集终于出版了，我们仿佛喘了口气，放下一重心事；但一想到全集达到读者手中时，我们的责任，也更重了，会不会因我们工作之粗率，妨害先生精神的传达呢？我们惭愧着，惴惴着，愿受一切爱好鲁迅著作的人士的指教和裁判。

《鲁迅书简》编后记

　　记得在鲁迅先生刚逝世不久，曾经登报征求远近好友给我帮助，把以前鲁迅先生逐字写出、逐封寄出的信借还给我拍照留底，以便将来影印成集。那时获得朋友大量予以同情的首肯，先后惠寄的信有八百余封，计通信者七十余位。

　　那时见报就响应我这一要求，最先把信寄给我的多是木刻界的朋友。而且还有不少是附带声明，拍照之后必须寄还的，其中罗清桢先生就是一位。并且寄出之后，他还不断地来信催讨，一时来不及拍照的苦衷又不便直陈，没有法子，就抄下信底之后把原信挂号寄回去了，而待到现在书简出版，罗先生却先逝世，不及目睹，诚属憾事。那时大约是鲁迅先生逝世后的第二年春间，我一面搜集书简，一面托人接洽出版商。因为鲁迅先生有几种著述是亲笔手写的，如《嵇康集》就有两种抄本之多，而《古小说钩沉》则不下十册，都是楷书，非常名贵；至于日记、书简则是行书，亦颇工整，我们为了想保留他的手泽，最低限度这些种书都希望用影印以与世人相见。以前由文化生活社吴朗西先生之助，曾出过一本《鲁迅书简》影印本，那仅是选取几十位朋友的通信，可以代表各种方面的。那时为寻求能担负起这全部影印的出版者，环顾国内，则只有一商务印书馆能够胜任。因此万不得已，恳请蔡元培先生代为介绍，订有严酷的契约，我们也不惜委曲求全，意思即在祈求影印部分的能尽量从速实现。想不到一九三七年八月十三日，上海战事发生了，不但影印之议，付之虚建，就是拍照之后陆续退回，亦因友朋迁徙，流动过甚而未得实现。

及至一九三八年夏间，《鲁迅全集》编印问世，又因为自己太替出版家的生意眼着想，以为影印耗费成本过巨，倘先行排印之后，再有影印版出，恐销路大受打击，因此强行把日记、书简留置，未即编入全集之内。就是这一念之差，蹉跎至今，世乱益亟，河清何俟？薤露之萌，急不及待！迫得变更原意，在今逝世十周年纪念前，毅然先行排印出版，自然还是希望将来有影印的可能。

这里大部分书简，是从原信照抄，并经校对的，编入前部。偶或从各出版物抄录，或属排印，诚恐与原函略有出入，无从订正，即在附编内排列，计约十数函。

在一九四四年秋间，承杨霁云先生指示，谓世变瞬息，难以逆料，对鲁迅先生遗著，殷殷以未行付梓为念，屡被督促，且不惜亲自拨出奔走衣食的时间，助我把日记、书简复写抄存，除原稿外，又多三份，历时数月。大部分的复写，每一个字，要力透五层纸张，抄未及半，杨先生右手中指，已结成黄豆大的一粒硬茧了。然仍愿以人力回天，不断继续，抄稿的大部分都是杨先生的劳绩，特此致谢。至一九四五年春间，方在庆幸抄录竣事，得透一口气。于是把抄稿分藏数处，有时甚至一日数迁。却就在这时，铁鸟不断飞来上海，侦察投弹，逐渐有加紧反攻的气象，我们一面私幸国土的重光有日，一面却战兢小我灭亡的旦夕可期。其间危惧不忘，首先须安排妥当，到处寻求一席地，急行把这些未经出版过的手泽等慎重保存安放起来。每当风声鹤唳，即为之胆战心寒，一夕数惊，终得保存。此中甘苦，诚不堪道。

及至胜利之后，每念及手边书简，虽屡经患难，仍安全无恙，对于友朋们的盛意相假，心中稍以为慰。现在既然有与读者见面的机会，因之更想到，还有大部分通信，向未见借，仍留在各地友朋手中，倘亦无恙，更望继续助我一臂，仍然陆续惠假（如有一时不便发表的，当代保留），以便随时增加，使这书简集更得充实，更为完备。这不但是我们私人之幸，想远近友好，或能谅其前者之兢兢以保，而为异日研究鲁迅先生文学遗产对于书信为助之重，惠然不弃，源源寄借，我们当一样地感戴，没齿不忘。

本书编排，就各通信者第一封信的年代先后做次序，又因为倘使依照同一年代而将各人的信件排在一起，对于这一年代的事件固然清楚，而对于某一友朋个别的情感，某一友朋交游的经过，似乎颇觉割裂而有系统不清之嫌，所以就不愿依此办理了。

对于通信的年代是使编者颇感为难的，因为借来书简，如果连同信封，或可以从邮戳上断定年月，可惜不少是仅有原信，或有信封而邮戳并不清楚的，没法子就借助于鲁迅先生的日记，把各年代的同一月日的日记找出来对照，往往帮助不少。譬如信内说附上某某书几册，日记也一样地写着：寄某某信，又某某书几册，当然可以断定无讹的了。然而苦的是同一月日而不同年，却同有与某人的通信，这就难以断定是哪一年的了，没法中的办法是又从当年的出书、行事做参考而酌定。但倘使对这都没有谈起呢？那就很难定夺，在这种情形之下，只得由编者考虑假定了，因此也许会有年代假定错的，那自然是编者应负其咎而只有希望原受信者陆续给我们指教、订正了。

这里的书简，除了从原信抄排，可以校正，另外还有十数封是从各出版物抄录的，则不少是经过排印的手续，或有脱漏。所以在每信末尾，就附书该信抄录于××，以便查考。

我们还得感谢一些朋友，如赵家璧先生，他听说我们在印书简，就连忙亲自借送给我他自己珍藏的信件，里面并有郑伯奇先生的三封信，此外内山先生等亦有信加添，使这书简更加丰富，使读者从书简里更多地了解鲁迅先生的生平以及社会环境所产生的各式事项，使研究鲁迅的多一旁证，对中国文化上或者不无少补的呢。

因此我现在再来一个郑重的呼吁：请各位保存鲁迅先生书

简的朋友仍然不断地陆续惠借书信（一定还有许多，从日记里我们就见到不少没有收回的通信者的大名），使我们能在再版的时候加厚一倍，三版的时候更加厚一倍，使研究鲁迅文学遗产的更得丰富的食粮，这是我们所珍视而需要的。我们为此伸出求助的手，请爱好鲁迅以及关心文学的先生们予以助力！

这里又把鲁迅先生给编者的一封信也一起排入目次，因为年代已早，不便加入《两地书》里，而破坏鲁迅先生原编的目次，所以就放在这里了。

末了我还得向郑效洵先生致谢，因为书简的得与读者相见，全部的校正付排，是经过他两个多月日夜不息的辛勤工作玉成的。于此我们更证实许多识与不识的朋友，对鲁迅先生的文学遗产是如何地寄予深厚的同情了。

第二辑

——

与朋友，
他生死不渝

我所敬的许寿裳先生

一

一个阴沉沉的清晨，被电话响亮的铃声所惊醒，想来必是有些要事的，急忙披衣下床接听：

"喂，找许先生听电话！"迫促的口音在说。

"有什么事？我就是。"骇然地答。

"喂。我是×××，你看到今天的报纸吗？"

"还没有。是什么事？"我在纳闷。

"你看见《大公报》没有？今天的。"越急越说不明白。

"没有，因为我还没有起来呢！"无奈何地答。

"是关于许寿裳先生被暗杀的事，惨极了，（震抖的声音）我不忍读下去……"

"谢谢你！"

挂起电话，翻检报纸，也吓呆了。急忙梳洗，立刻赶到许师母处。走到楼上，照样是冷清清没有一些儿声响，一点也觉不出有什么同平时两样的。过分的沉寂很不合于这时的情景，不知怎的我哀伤到禁制不住。

推开房门，迎面见到师母。先生寂寞地逝去，师母也寂寞地独个儿在凭吊，在自己啃啮自己那被摧残透了的灵魂！惨凉到极点之处，师母宛如木鸡地呆着，没有动作，沉默覆盖了一切。刚招呼一声，她就泪下起来了。把临进门时的游移不决的心情，唯恐师母还没有看到报纸将如何由我的口里吐出噩耗的为难一扫而空。不必再问，师母早已清楚了。

过了一歇，师母说："昨天得到电报。"后来又说："有长途电话来，但是听不清楚讲的什么就挂断了。"

"打算怎么办？"我问。

"想到台湾去，就怕买不到飞机票。"师母说。

"想想办法看。这几天气候不大好，也许飞机不能起飞。"这是我故意安慰老人家焦急的心情的话。

夜静，钟声响，心房脉搏的跳声更响，好像有人在心房内噔噔地走楼梯，一步步的响声越来越厉害了。一夜朦胧地听到嘈杂的声，没有片刻停止。失眠，闭着眼睛就记起季茀先生生前的声音、容貌以及神态。再和日间看到《大公报》所载的"许氏在鲜血中向右侧卧，被犹在胸，双手伸外，都是血迹，遇难时似未抵抗。书室凌乱。……遇难时家中现款存千余元，并无珍贵财物。有人认为可能是仇杀，并已逮捕嫌疑犯三人"的记述像活动电影似的一幕幕在脑海浮动。一时想起那精神百倍在讲台上的先生；一时又想起作客他乡、旅居广州时一同在白云楼生活的情景；再就是我们寓居在上海，许先生时相过从的样子；和重庆复员到上海见到的憔悴颓颜、白发脱齿的老师。老了，我们尊敬的先生。但是还要奔走谋生，多么可怜呀！这一幕一幕交织在"在鲜血中向右侧卧……"的一个血淋淋的画面里。这一夜，我不能合眼，整夜在昏沉沉的半明白半迷糊的意识中度过。

二

脑神经在清理二十余年的画片，首先，记起学生时代的一位纯良的师长来了。

那时是民国十一年，在天津，初师毕业就投考到北平女高师去了。因为向例师范学校有饭食，有住宿，而且又免收学费，讲义是油印的，学校发的，书籍费也不必筹，只要每月有三两块钱够买纸笔。另外偶然添件蓝布大褂，也不过块把钱的经费，还不算难筹，比起现在的读书，那时我们的条件实在太好了。而锦上添花的，就是我们的校长许寿裳先生，他不但延聘了许多东西洋留学的人来校教书，还多方邀请在北大任教的学者，使校内文理各系同学都有适当的满足于求知欲之感。然而那时办教，也并非容易的事。我们知道北洋军阀的段祺瑞，完全依赖于日本帝国主义的支持，连日常政府开支，也全靠借债度日。因之学校经费，在省无可省之下就赊欠，寅吃卯粮，学校当局也一样经常在举债度日的情况下讨生活。虽则如此，许先生还是顾念各地远来的学生多属南方人，禁不起北方的天寒地冻，不惜借债替学生在宿舍里安设热水汀，终于在冬寒料峭之中，有满室生春之感，使常患感冒伤寒的学生，顿然减少。即此细微末节，也可见许先生办学的苦心孤诣、无所不至了。

　　然而精诚所至，未必金石为开；而顽石点头，究竟有谁见过？许先生的毕生遭遇，可哀者在此。在女师大，忽然有一天，总务处的会计员不知因什么吵起来了。过了不久，学生里面也有在贴标语的了。那时我刚到学校不久，没有详细了解那事的经过，总之许先生很快就洁身引退。马上展开许多宣传，说有一位杨荫榆其人的，刚回国不久，她从前曾在本校女子初级师范的时候当过舍监，以身作则，办事如何如何认真云云。而且又有补充，说女子有资格在专门以上学校当校长的实在不多，女人长女校，在女权运动上应当拥护云云。在如此这般的鼓吹之下，杨荫榆走马上任了。首先撤换了许多女师大预科的教员，延聘而来的不是和她同时的美国留学生，就是教育部官员；文科还打算把北大教员辞掉，换请鸳鸯蝴蝶派的，把许先生刚刚创立的一点规模略具的基础全盘推翻，大刀阔斧，不顾一切。最犯众怒的一次是她参加校务会议，稍不满意，又公然直斥某理科教员为"岂有此理"，以致引起公愤，大家都有不能合作下去之意。于是不到一年，教员纷纷辞职，学生痛感失所领导，在上下痛愤的情绪之下，只见杨荫榆头戴白色绒花，身披黑缎斗篷，整天急急忙忙，到处奔跑，学校公务，则交给她的两三亲信，代决代行。

那时是民国十四年，孙中山先生北上病逝于协和医院，青年学生，对这位终身从事革命者寄予无比的哀痛的时候，杨荫榆秉承段执政的反动头脑，居然拒绝学生的要求，不许学生排队在天安门接灵，她说："孙中山是主张共产共妻的（那时已经有红帽子出现了），你们要去，莫非也愿意学他吗？"

当时政治空气不因段祺瑞高压之下而对这位伟人有何污损，越是毁谤，人民的认识越坚定，结果全北京城同声哭悼中山先生。女师大的学生也终于突破严防，高举校旗，在列队之内参加行伍。这是进步与倒退力的决斗，在洪涛般的群众之下，黑暗的魔手无法展施。除了杨的私党，教师多数也倾向孙中山先生的革命精神，这原是社会进步的必然趋向。由于这些进步力量的凝结，在段祺瑞主使的工具章士钊解散女师大之后，许寿裳先生本于义愤，判断出自己应该随着进步的路走，乃不怕嫌疑，毅然直斥章士钊解散学校、罢免鲁迅先生教育部佥事之职为非法。而章士钊在继续疯狂暴戾之下，也把许先生免职了。

无官一身轻，许先生摆脱了教育部员的羁绊，置身在那时进步的人士领导的在北平宗帽胡同自赁校舍的女师大，身兼校长、教务长、教员的职责，不辞劳瘁，日夕处理校务，却又是不受分文酬报，在自己失业的时候而如此清苦，真是难得的了。许先生教给我们儿童心理学，他精通英、日文，授课的时候，常常把外国书拿来给我们参考，尤其在有图表例证的时候，增加了丰富的学识。他自己的学问也很深湛，所以讲解的时候，大有头头是路、应接不暇之状。三个月的刻苦支持，校务、教课丛集一身，终于使学校恢复了。这固然是许先生们劳苦的代价，尤其是能和进步的力量结合在一起，迫使段、章之流不得不稍退一步。

　　但是反动力量是如此顽强，一有机会就死灰复燃，终于有名的三一八惨案爆发了。在国务院面前，段祺瑞指使卫兵用步枪大刀，屠杀徒手请愿学生，女师大当场有两个学生刘和珍及杨德群遇害了。许先生亲自替她们料理丧事，以致十余天不能入睡。这里可以看到许先生对反动势力的怒火多么高，对为国牺牲的青年热爱多么厚。而倒行逆施的恶势力却没有估计自己究竟能够存在几天！不，只要"一朝权在手，还把令来施"的。于是为泄愤起见，把请愿学生认作"暴徒"，把许先生等五十名"暴徒首领"要下令通缉。这时许先生久经失业，女师大又是义务职任，哪里有大批钱来逃难呢？幸而齐寿山先生和德国医院里的人有些熟识，介绍许先生和鲁迅先生一同躲在空院子尽头的一间久已废置的面包房里，坐卧都在水门汀地上，除了自备热水壶，否则连茶水也不方便。这样的磨难生活，断续经过了好两次，许先生的年龄，也似陡然地增加了好两岁。

三

第二回重见许先生，那是在广州，乃民国十六年鲁迅先生约来中山大学共事的。那时许先生似乎担任教国文，自编讲义，有时叫我到图书馆借些参考书，由我代抄。后来他们租了广九车站的白云楼，除了厨房、女工住房、饭厅兼会客厅之外，我们每人有一间房子，但鲁迅先生首先挑选那个比较大而风凉朝南的给许先生住，宁可自己整天在朝西的窗下书写。我是以做他们的翻译兼管理女工的差事而也一起住在白云楼的。

许先生在教课完了或不教课的时候，可以静静地有一间房休息，不似在钟楼上整天被人声嘈吵了。他这时就爱早起早睡。我们共同作愉快的谈天的时候，多是两餐之后，面前每人有一个杧果或杨桃，后来是荔枝等，边谈边吃，大家都毫没有拘束。这样子，从春天到四月，生活刚刚有些规律的时候，清党事起，学生很多被捕，有主张营救的，亦未能通过。继着鲁迅先生的辞职之后，许先生也决不游移，跟着辞职。到了暑假，许先生就离开广州了，前后不过一个星期。在广州，最大的游散之地是小北，我们也去消遣。更便当而爱好的是上茶馆饮茶，而许先生所满意的是广州某些茶馆饭店建筑精致和用具清洁，尤其有鲁迅先生时常在旁相契以心、相知有素的深厚友情，以及投机的谈吐。如果没有这，相信许先生不会留得住的。

和许先生见面更多的时候是在上海。每逢回家路过，来回之间，必定抽出时间来看看我们，盘桓一半天。而且每次来不是带些土产食物，就是带些上好的玩具给孩子，因此小孩对许先生的印象也很深刻。因为最敏感地窥测出谁是爱他的，莫过于儿童的天真时代了。

因为有一半天的耽搁，才可以把彼此多时不见的别后离情倾诉，无论多么忙碌，许先生不大肯取消这似乎是特地留起的时间的。即或不及多谈，也大有依依不舍、兄弟怡怡之情，满面流露，且必然解释一番，再订后会。而鲁迅先生无论工作多么忙，看到许先生来，也必放下，好像把话匣子打开，滔滔不绝，间以开怀大笑，旁观者亦觉其恰意无穷的了。在谈话之间，许先生方面，因所处的环境比较平稳，没什么起伏，往往几句话就说完了。而鲁迅先生却是倾吐的，像水闸，打开了，一时收不住；又像汽水，塞去了，无法止得住；更像是久居山林了，忽然遇到可以谈话的人，就不能自已似的。在许先生的同情、慰安、正义的共鸣之下，鲁迅先生不管是受多大的创伤，得到许先生的谈话之后，像波涛汹涌的海洋的心境，忽然平静宁帖起来了。许先生对鲁迅先生的意见，经常也是认可、接受，很少听见反驳的。

他们谈话的范围也很广泛，从新书介绍到古籍研讨，从欧美名著以及东洋近作，无不包罗。而彼此人事的接触，见闻的交换，可歌可泣，可喜可怒，都无一遮瞒，尽量倾吐。这样的友谊，从来没有改变的，真算得是耐久的朋友，在鲁迅先生的交游中，如此长久相处的，恐怕只有许先生一位了。

许先生的起居饮食都比较爱讲卫生。对于食，更其留心清洁，每逢他来，我们都特别小心，尽可能预备些新鲜食品。只有一回，住在广州中山大学大钟楼的时候，他买的点心，一不留意，引来许多贪食的蚂蚁，被他见到了，先想丢弃，又舍不得，重新拾起，抖去蚂蚁，仍旧自吃。那时许先生薪水并不高，又是小洋，要换成大洋寄去养家小，至少要打八折，不得不省食俭用。鲁迅先生也了解他，说是如果在别的时候，他马上不要了。因为食用品都是买头号货，自用如此，送人也如此，家中人口又多，许先生的负担原来就不轻的。平时就算对付过去了，身后必然萧条。而凶手还说是谋财害命，真个叫作天晓得了。

许先生不但当我是他的学生，更兼待我像他的子侄。鲁迅先生逝世之后，十年间人世沧桑，家庭琐屑，始终给我安慰、鼓励，排难、解纷，知我、教我、谅我、助我的，只有他一位长者。对这样的一位慈祥长者的逝世，我不能描写出我的哀伤之情。只是无从送丧，不能凭吊，欲哭无泪，欲写无尽，欲问无声，欲穷究竟而无所置答。先生之死，在我视之，如丧考妣，就够悲恸无穷的了；而不逞之徒，竟把这忠厚慈爱为怀的好心人也不惜亲手轻易毁去，莫非在这丑事多端的世界上，还嫌不够丰饶，硬添一件上去吗？也许这却不是说得明白的时候了。

许寿裳《亡友鲁迅印象记》读后记

在新旧转变期中的一个文化工作、社会改革者如鲁迅先生，我们任何人都可以研究他，这是超乎捧与骂的一种任务。如众所知，就他三十年的文笔生涯，正是研究近代文化史的不可少的强有力的佐证。但是，关于这方面，仅只从作者自身是不够的，因之有渴求同时代有关系者的揭发。

许季茀先生是鲁迅先生的同乡、同学，而又从少年到老一直友好，更兼不时见面，长期同就职于教育部，同执教于各地，真可以算是知无不言，言无不尽的知己好友。在这种弥足珍贵的情谊之下，我敢于请求许先生写回忆，谅来不是冒昧的。

他们两位是知交，个性却大不相同。闲尝体察，他们在侃侃畅谈的时候，也会见解略异。首先必是鲁迅先生绷起面孔沉默着。但过不多时，彼此又水乳交融，毫无隔阂地谈起来了。不但和许先生如此，有时遇见别的老友齐寿山、邵铭之先生等也会有此情状的。奇怪的是齐、邵先生等也和许先生一样，稍稍沉默之后又欢快地交谈了。鲁迅先生时常坚信地说："季茀他们对于我的行动，尽管未必一起去做，但总是无条件地承认我所做的都对。"就这样，他们的友谊互相坚守信赖。就这样，鲁迅先生常常引以自豪，认为生平有几个生死不渝的至友。

有时也会听见鲁迅先生批评许先生人太忠厚了，容易被伪善者的假装所蒙蔽：他相信这人是好的，结果却会是或明或暗地首先反对他。因此时常为许先生操心。我也部分地同意鲁迅先生的话。因为在女师大风潮发生的时候，坚持拥护杨荫榆暗暗反对许先生的，就是他委以女附中主任的那一位。她有权术威胁那些毕业与快毕业的女中学生，不得不拥护杨荫榆，使转眼之间，从女中转入女师大的同学态度为之丕变，使整个学生团体立刻分裂为二。

然而许先生的忠厚却赢得鲁迅先生的友情。不，他们互相的忠厚，真诚地遇见了。许先生一生的朋友中，毕竟还有鲁迅先生其人在内，因此又可以说鲁迅先生的操心是过于仁慈了。只要把握着这份友情，其余何足道呢？他们像友爱的亲兄弟般相处，同仇敌忾，一见于对章士钊的暴谬，再见于广东中山大学的辞职，无患得患失之心，唯大义惊然是见，求之古人，亦不多遇，世情浇薄之秋，到此顽廉懦立了。

被"五四"潮流激荡了的青年，求知心是非常迫切的。不甘于初师毕业了此一生的我，原希望入大学，而被经济限制了，转而投入女师大，因此幸运地得在许先生当校长时滥充一学生。他和蔡子民先生约定，凡北大有学术讲演，女师大学生可以尽量参加，而所有教师，也多自北大延聘，因此把女师大学生的程度无形提高了。这都是由于许先生苦心孤诣的布置。然而挡不住一些拥护女人长女校的醉心之徒的播弄，在我入学校一年之后许先生辞职了。随后北大派的教员也陆续解聘。继之而来的是不孚众望的人物，提高程度马上要相反地受阻遏。在锦绣满身、以文凭为增饰声价者流自然毫不在意的，然而在千辛万苦、半工半读的自觉青年却觉得是无比的打击。因之风潮一发生，就坚不可拔。而许先生那时也自觉系铃解铃，非己莫属，不忍袖手旁观，毅然在师生共同维持的小小局面的宗帽胡同临时学校里担任职务，直至学校恢复，才始让贤而退。说到这里，我记起许先生说："鲁迅对人，多喜欢给予绰号。"确是不错。我的脾气，平常是不大奔走师长之门的。但为了学校的事情，需要预备些官样文章如写呈文之类，我们是不大内行的，有时就迫得跑到鲁迅先生府上去请教。一进门，耳边常听说"害马来了"。四顾又没有旁人，有时许先生却在座微笑，真弄得莫名其妙。后来听的次数多起来，才猜出是给我起的绰号。原来杨荫榆把六个学生自治会的职员开除了，理由大约说是"以免害群"，于是我们便成了害群之马。直到现在，还在社会做"害马"。

　　回忆是不轻的沉痛。幸而许先生能在沉痛中淘净出一些真材实料，为我辈后生小子所不知不见，值得珍贵，而也给热心研究这一时代一个文化巨人的一点真相。就是吉光片羽吧，也弥足珍视的了。除了许先生，我们还能找到第二个人肯如此写出吗？这不但是我私人的感幸。

许先生来信一定要嘱我写篇序。他是我的校长，是严师，我不敢，也不配写序的，却又不能重违师命。为读后记。

秋白同志和鲁迅相处的时候

　　友谊中有共同的思想基础，感情相通，初交就如鱼水相得，这种美好境界，人们通常称道是"一见如故"，我在鲁迅和瞿秋白同志的身上深深体会到这四个字的精髓。鲁迅和瞿秋白一开始相见就真像鱼遇着水，融洽自然。我还记得：那一个清晨，秋白同志、杨之华和他们的房东谢澹如一起来到。先是泛谈一切，但是由于在潜伏的生活里有共同的思想基础，彼此一开始就带着革命的不可屈服的心怀，显出在党的光辉照耀下的无比信心。眼看着他们称心如意地描述彼此的心情和对革命事业的忠诚，觉得这"一见如故"的形容语包含着对革命事业的亲密感。

　　革命像水，人时刻不能离开水而生活，所以对腐朽的东西需要用水来冲洗。革命又像水的普遍存在，只要人们不怕烦难去寻求。秋白代表了革命。革命正是鲁迅寤寐以求的，一旦遇到了，其无限欢愉之情，就是在旁边的人也分享着一份感受，因为革命并不吝惜给予每一个爱护革命的人。

这时候鲁迅有些苦闷，就是周围有那么些混浊，需要澄清：硬译和文学的阶级性哪，第三种人哪，挂着革命招牌的人哪，等等，不一而足。他们交换了意见，用一个鲁迅习用的符号或别的名义发表了。这是革命的号声，本来无分彼此的。

党了解鲁迅，秋白同志了解鲁迅。作为旧知识分子，不断分析解剖自己、严于对人的鲁迅，是党所需要的。秋白代表了党的精神，对鲁迅分析、批评、鼓励，写成《〈鲁迅杂感选集〉序言》的精辟论断，以告世人。在动笔之前，秋白同志曾不断向鲁迅探讨研究，分析鲁迅的代表时代的前后变化，广泛披览他的作品，当面询问经过。秋白同志是怎样严肃地对待这个论断！写出之后，鲁迅读了，心折不已。"只是说得太好了，应该坏的地方也多提起些。"这是鲁迅的感动的话，也是党给予鲁迅的鼓励。"党了解我，知道我。"鲁迅这样想。

秋白同志那样深刻地了解鲁迅，不是偶然的。他出身于常州旧家庭，就是俗所谓书香子弟。背叛了这个阶级，走向革命，也就是人们批评鲁迅的"二臣"，鲁迅自题书名的"二心"。他们心心相印的是这颗叛逆的心，无比伟大的心。秋白同志住在三层阁楼上，或屈居亭子间里，终日看不见阳光照临，这对他的长期肺病是不适宜的。杨大姐经常为这而操心，到我家住下的时候，也曾提及这情况，希望秋白同志有机会多呼吸些新鲜空气。这原是人情之常的关怀同志健康的应有态度，但秋白同志的答复却超乎常人。他说："我在这种地方还能做点工作，总比牢狱好些。"他就是最能退一步想而具有

"坦荡荡"的心怀的人。其实，这就是革命抱负，有无限高贵品质的人都如此的。自己哪怕冒着生命的危险，一想到为着革命还能做点工作，就什么也在其次了。到真不能工作的瞬间，也大无畏地把苦难承担下来，经得起考验，视死如归。这都是那种贯注一切的精神所感召。

革命离不开人情味，每于晚饭之余，秋白同志会轻松地谈到他和杨大姐的恋爱经过，谈到他爱护杨大姐的女儿就同自己亲娘对女儿一样的心情，又由此而对鲁迅"怜子如何不丈夫"的心怀深加体会，起着共鸣。有一回特地托人向百货公司买来英国制的构筑匣（俄文名 KOHCTPYKTOP，是儿童教育玩具，即一匣器材，用以构成模型），内装涂有红绿漆的美丽器材零件一大盒，这原是启发小孩智慧的。他预想到革命后技术的需要，小孩应该有技术知识的教育，他又在盒盖上写明某个零件有几件，共几种，等等，都很详尽。又料到自己随时会有不测，说"留个纪念，让他大起来也知道有个何先生"（"何先生"是他来我家的称呼）。可惜这盒盖已遗失，零件还有若干存在上海纪念馆，作为秋白同志爱护儿童的礼物的实证。

秋白同志对革命的无限忠诚，对人类的无比爱护，对敌人的不容情的揸击，对同志的关怀热爱，不是我的拙笔所能写出一二的。当这光明普照大地，还余一小撮帝国主义分子未消灭的时候，每听到《国际歌》的歌声，就不由得深深忆起秋白同志所日常低徊再三爱唱的这个声音，它犹在耳边缭绕，似呼唤人们继续奋斗前进。

悼念史沫特莱

以工人阶级出身，同情被压迫者而向往于世界革命、一同置身于奋斗行列里的史沫特莱女士，终于在一九五〇年五月六日逝世了。为了被她的祖国——那反动集团的代表者——所驱逐，她抱病避难到英国去，但那里也不是什么乐土，不久她更加速地走向衰竭，竟致郁郁以终了。

为人类解放事业而奋斗的人是无比的崇高与伟大的，早先她到印度，遇到了这样奋斗的一位战士，一同工作，并与之结婚，她自始就没有某些白色人可耻的对有色人种的歧视。后来转到了中国，一九三〇年前后，在上海从事进步文学活动者曾经遇到她，参加中国民权保障同盟者也曾经和她合作，站在被压迫者的一边，共同奋斗的精神在她是始终不渝的。

她开始到鲁迅的寓所里来，有时带着翻译，有时单独一个人来的时候，鲁迅就只好用生硬的德语彼此对话。这本是他学医的时候学来的，未必流畅，常常听到断续的几个字音相连着，但史沫特莱鼓励他。过后他告诉我，她说他的字音还很正确呢！

他们时常谈到中国的革命文学，她又热情于把中国左翼作家的作品介绍到外国去而努力奔走，更进一步要认识些前进作家，如茅盾、雪峰、萧红等人都见过了，都对中国有深刻的了解了。她有过多的热情，看来似乎超过于她的理智，同情到极度就会当场痛哭流涕，倾倒到无以复加。偶然听到某些相反的论断，又会来不及细察就猛予排斥，这是具有革命者的热情，而缺少马列主义的批判，是颇觉限制了她几许发展的。

虽然如此，作为亚洲民族解放运动的一个热情支持者，我们还是深深地悼念她的。毫不保留地尽情给予革命帮助，为被压迫民族的解放运动而奋斗不懈，这一点，我们更是永远地记得她的。

上海租界时代的狗是善嗅的，并不因为她的黄头发、白皮肤会有两样。忽然她来告辞要避开一个时候了，留下一只箱子又满都是文件，这怎么办？没有法子，鲁迅把它托存到另外一个地方去了。经过若干时候她重回上海，这才把那提心吊胆为之保存的箱子交还给她。

对于鲁迅的提倡木刻，她也给予不少协助，木刻印本《士敏土之图》在中国出版了，她给介绍到外国书店去寄售，虽然那个书店不久就关闭了，无从知道推销得怎么样，但那热情是可感激的。后来又替中国新兴木刻家把木刻带到外国去展览，替鲁迅把中国纸带给苏联木刻家交流木刻，这些都给予中国久已没落的木刻以振奋的激刺，给予中国木刻工作者以无比的鼓励。

到了她的晚年，正是中国抗日战争最炽烈的时候，她住在美国的乡下，还时刻关心到中国进步作家生活的艰窘，四处奔走募捐，给中华全国文艺协会汇来作救济。如果不是自己也经历过长期奋斗的迫压困顿，是很难体会到那为人类革命事业的伟大而深挚的友爱之情的。

她在延安生活过，在革命的战火里洗刷过，写过红军，钟情于革命，唾弃了生长过她的反动的环境，连骨头也不留给它的憎恨，和念念不忘于中国，要把一切放到为人类谋取永久和平而作艰巨斗争以至于胜利的人民中国，这种襟怀，这种认识，可说是止于至善的。是以她的热情，结合于实际的理智的。我们对于她的逝去表示哀悼，对于她那遗嘱——愿意尽其所有，连尸体在内都贡献于革命队伍，表示崇高的敬仰！对于怀抱人类至高无上的革命胜利具有坚定的信念的史沫特莱这一位中国人民之友的逝世周年纪念，我们能够亲自看到她的骨灰有了妥当的安置，亲自看到她自己处理自己，是向世界和平的大家庭作为瞑目归宿的安身之所，则更感到人类趋向全世界和平，走到国际主义的大家庭的努力的重要，而为那些还没有或正在开始要走过来的人而奋斗是急不可缓的工作了。安息吧！史沫特莱，中国人民不久就会完成你的志愿的。

忆萧红

　　我们在上海定居之后，最初安稳地度过了一些时，后来被环境所迫，不得不度着隐晦的生活，朋友来得已经不多，女的更是少有。我虽然有不少本家之流住在近旁，也断绝了往来。可以说，除了理家，除了和鲁迅先生对谈，此外我自己是非常孤寂的。不时在鲁迅先生出外赴什么约会的时候，冷清清地独自镇守在家里，幻想之中，像是想驾一叶扁舟来压下心里汹涌的洪涛，又生怕这波涛会把鲁迅先生卷去，而我还在船上警觉。这时，总时常会萌发一些希冀，企望门外声音的到来。

　　大约一九三四年的某天，阴霾的天空吹送着冷寂的歌调，在一个咖啡室里我们初次会着两个北方来的不甘做奴隶者。他们爽朗的话声把阴霾吹散了：生之执着、战闹、喜悦，时常写在脸面和音响中，是那么自然、随便、毫不费力，像用手轻轻拉开窗幔，接受可爱的阳光进来。

　　从此我们多了两个朋友：萧红和萧军。

流亡到来的两颗倔强的心，生疏、落寞，用作欢迎；热情、希望，换不来宿食。这境遇，如果延长得过久，是可怕得必然会销蚀了他们的。因此，为了给他们介绍可以接谈的朋友，在鲁迅先生邀请的一个宴会里，我们又相见了。

亲手赶做出来，用方格子布缝就的直襟短衣穿在萧军先生身上，天真无邪的喜悦夸示着式样。——那哥萨克式，在哈尔滨见惯的——穿的和缝的都感到骄傲、满足而欢欣。我们看见的也感到他们应该骄傲、满足、欢欣。

我看见两只核桃，那是不知经过多少年代用手滚弄的了，醉红色的，光滑滑地闪动，好像是一双眼睛在招呼着每一个人，而自己却用色和光介绍了它出世的年代。

"这是我祖父留传下来的。"萧红女士说，"还有一对小棒槌，也是我带来在身边的玩意儿，这是捣衣用的小模型，通通送给你。"萧红女士在宴席上交给了海婴，把这些患难中的随身伴侣或传家宝见赠了。

中等身材，白皙，相当健康的体格，具有满洲姑娘特殊的稍稍扁平的后脑，爱笑，无邪的天真，是她的特色。但她自己不承认，她说我太率直，她没有我的坦白。也许是的吧，她的身世、经过，从不大谈起的，只简略地知道是从家庭奋斗出来，这更坚强了我们的友谊。何必多问，不相称的过早的白发衬着年青的面庞，不用说就想到其中一定还有许多曲折的生的旅程。

我们用接待自己兄弟一样的感情招待了他们，公开了住处，任他们随时可以到来。

鲁迅先生不时在病，不能多见客人。他们搬到北四川路离我们不远的地方来住下，据萧军先生说："靠近些，为的可以方便，多帮忙。"

但每天来一两次的不是他而是萧红女士，因此我不得不用最大的努力留出时间在楼下客厅陪萧红女士长谈。她有时谈得很开心，更多的是勉强谈话而强烈的哀愁时常侵袭上来，像用纸包着水，总没法不叫它渗出来。自然萧红女士也常用力克制，却转像加热在水壶上，反而在壶外面满都是水点，一些也遮不住。

终于她到日本去了。直至鲁迅先生死后回到上海来。

在鲁迅先生死后第五天，她曾给萧军先生写信（见《鲁迅先生纪念集》），说："可怕的是许女士的悲痛，想个法子，好好地安慰着她，最好是使她不要静下来，多多地和她来往。"这个动议大约是被采用了，所以鲁迅先生死了之后，萧军和黄源等先生来了，其他如聂绀弩夫妇、张天翼夫妇，更有胡风夫妇等许多人都时常来了。有一次，萧军和黄源等半劝半迫地叫我去看电影，没法子跟着去了，在开映的时候利用光线，我一直在暗中流泪。十年来，在上海每次踏入电影院都是和鲁迅先生一道的，看到会心的时候会彼此用臂膀推动一下，这生动的情境在电影院中更增加我的伤痛，但我怎能辜负他们的好意呢？他们哪里会想到发生相反的结果呢？

战争的火焰烧蚀了无数有作为的人，萧红女士也是其中之一个。当我刚刚跳出监狱的虎口，相信活下来的时候，到家里不几天意外地收到端木蕻良先生的简单噩耗，大意说，萧红女士于某月日死了，葬于香港某花园的某处，并且叫我托内山完造先生设法保护。末了又说，他预备离去，但到什么地方还不大能够决定。

鲁迅先生逝世后，萧红女士想到叫人设法安慰我，但是她死了，我向什么地方去安慰呢？不但没法去安慰，连这一封值得纪念的信也毁了，因为我不敢存留任何人的信。而且连她死的月日地点都在我脑中毁了，这不能推说"不敢存留"，只可承认是我的脑子确不行了，是我的无可挽救的过失。更其对不住端木蕻良先生的是，我并没有把他的意思转向内山先生请求。因为我觉得萧红女士和上海人初次见面的礼物是《生死场》，她是东北作家，而又是抗日分子，想来内山先生不会不清楚的。请他"保护"，也许非其权力所及。或者能设法了，也于他不便。在我这方面，也不甘于为此乞求他援助，我把这句话吞没了，直至现在才公开出来，算是自承不忠于友。

自责两句不就算完了良心的呵谴。我不知道萧红女士在香港埋葬的地方有没有变动，我也没法子去看望一下。我们往来见面了差不多三四年，她死了到现在也差不多三四年了，不能相辅，却能相成，在世界上少了一个友朋，在我的生命的记录簿上就多加几页黑纸。

乌黑的一片。久视了，眼珠子会有许多血红的火星在飘浮，我愿意这火星加多，增长，结成大红火球，把我包没，把我周围一切包没。

（注）一九三四年十月九日夜鲁迅初次写回信。一九三四年十一月三十日第一次在北四川路的一咖啡室内鲁、许、萧军、萧红相见。一九三四年十二月十九日在广西路梁园请吃饭，介绍朋友如胡风、叶芷、聂绀弩与刘、肖。一九三五年十一月六日初次约到大陆新村寓所吃夜饭。

追忆萧红

　　自从日本人占领了东北，成立伪满洲国之后，许多东北作家都陆续逃亡到山海关里来了。在一九三四年的十月，萧红和刘军（那时的称呼，即萧军）两先生到了人地生疏的上海，"就是还没有在这土里下根"（见一九三四年十二月六日鲁迅给萧军、萧红信）。非常之感觉寂寞和颓唐，开始和鲁迅先生通信，在一个多月之后的十一月二十七日，由于他们的邀请，鲁迅先生和我们在北四川路的一间小小的咖啡店作第一次的会面了。

　　人每当患难的时候遇到具有正义感的人是很容易一见如故的。况以鲁迅先生丰富的热情和对文人遭遇压迫的不幸，更加速两者间的融洽。为了使旅人减低些哀愁，自然鲁迅先生应该尽最大的力量使有为的人不致颓唐无助。所以除了拨出许多时间来和萧红先生等通信之外，更多方设法给他们介绍出版，因此萧红先生等的稿子不但给介绍到当时由陈望道先生主编的

《太白》，也还介绍给郑振铎先生编的《文学》，有时还代转到良友公司的赵家璧先生那里去。总之是千方百计给这些新来者以温暖，而且还尽其可能给介绍到外国。那时美国很有人欢迎中国新作家的作品，似乎是史沫特莱女士也是热心帮助者，鲁迅先生特地介绍他们相见了。在日本方面，刚巧鹿地亘先生初到上海，他是东京帝大汉文学系毕业的，对中国文学颇为了解，同时也为了生活，通过内山先生的介绍，鲁迅先生帮助他把中国作家的东西，译成日文，交给日本的改造社出版，因此萧红先生的作品，也曾经介绍过给鹿地先生的。从这里我们可以得知萧红先生的写作能力的确不错，而鲁迅先生的无分成名与否的对作家的一视同仁也是使得许多青年和他起着共鸣作用的重要因素。

作为东北人民向征服者抗议的里程碑的作品，是如众所知的《八月的乡村》和《生死场》。这两部作品的出现，无疑地给上海文坛一个不少的新奇与惊动，因为是那么雄厚和坚定，是血淋淋的现实缩影。而手法的生动，《生死场》似乎比《八月的乡村》更觉得成熟些，每逢和朋友谈起，总听到鲁迅先生的推荐，认为在写作前途上看起来，萧红先生是更有希望的。

在多时的习惯，养成我们不爱追求别人生活过程的小小经历，除非他们自己报道出来，否则我们绝不会探讨的，就是连住处也从不打听一下。就这样，我们和萧红先生成了时常见面的朋友了，也还是不甚了然的。不过也并非绝无所知，片断的谈话，陆续连起来也可能得一个大致的轮廓。譬如说：谈得高兴的时候，萧红先生会告诉我们她曾经在北平女师大的附属中学读过书。并且也知道她还有父亲，母亲是死了，家里有一位后母，家境很过得去。也许，她欢喜像鱼一样自由自在的吧，新的思潮浸透了一个寻求解放旧礼教的女孩子的脑海，开始向人生突击，把旧有的束缚解脱了，一切显现出一个人性的自由，因此惹起后母的歧视，原不足怪的。可怜的是从此和家庭脱离了，效娜拉的出走！从父亲的怀抱走向新的天地，不少奇形怪状五花八门的形形色色的天地，使娜拉张皇失措，经济一点也没有。在旅邸上，"秦琼卖马"，舞台上曾经感动过不少观众，然而有马可卖还是幸运的，到连马也没的卖的时候，也就是萧红先生遭遇困厄最惨痛的时候。这时意外地遇到刘军先生，也是一位豪爽侠情的青年，可以想象得出，这就是他们新生活的开始。他们在患难中相遇，这一段掌故是值得歌颂的。直至最后，他们虽然彼此分离，但两方都从没有一句不满的话，作为向对手翻脸的理由，据我所听到，是值得提起的。

当然不能否认，萧红先生文章上表现得相当英武，而实际多少还赋予女性的柔和，所以在处理一个问题时，也许感情胜过理智。有一个时期，烦闷、失望、哀愁笼罩了她整个的生命力，然而她还能振作一时，替刘军先生整理、抄写文稿。有时又诉说她头痛得厉害，身体也衰弱，面色苍白，一望而知是贫血的样子。这时过从很密，差不多鲁迅先生也时常生病，身体本来不大好。萧红先生无法摆脱她的伤感，每每整天地耽搁在我们寓里。为了减轻鲁迅先生整天陪客的辛劳，不得不由我独自和她在客室谈话，因而对鲁迅先生的照料就不能兼顾，往往弄得我不知所措。也是陪了萧红先生大半天之后走到楼上，那时是夏天，鲁迅先生告诉我刚睡醒，他是下半天有时会睡一下中觉的，这天全部窗子都没有关，风相当地大，而我在楼下又来不及知道他睡了而从旁照料，因此受凉了，发热，害了一场病。我们一直没敢把病由说出来，现在萧红先生人也死了，没什么关系，作为追忆而顺便提到，倒没什么要紧的了。只不过是从这里看到一个人生活的失调，直接马上会影响到周围朋友的生活也失了步骤，社会上的人就是如此关联着了。

她和刘军先生对我们都很客气，在我们搬到施高塔路大陆新村里住下之后，寓所里就时常有他俩的足迹。到的时候，有时是手里拿着一包黑面包及俄国香肠之类的东西，有一回而且挟着一包油腻腻的东西，打开一看，原来是一只烧鸭的骨头，大约是从菜馆里带来的。于是忙着配黄芽菜来烧汤，谈谈吃吃，也还有趣。萧红先生因为是东北人，做饺子有特别的技巧，又快又好，从不会煮起来漏穿肉馅。其他像吃烧鸭时配用的两层薄薄的馎馎，她做得也很好。如果有一个安定的、相当合适的家庭，使萧红先生主持家政，我相信她会弄得很体贴的。听说在她旅居四川及香港的时候，就想过这样的一种日子，而且对于衣饰，后来听说也颇讲究了。过分压抑着使比较美好生活的不能享受，也许是少数人或短时间所能忍受的吧，然而究竟怎样是比较美好的生活呢？物质的享受？精神领域的不断向上追求？有人偏重一方，把其他方面疏忽了，也许是聪明，却也有人看作傻子。总之，生活的折磨，转而使她走到文化领域里大踱步起来。然而也为了生活的折磨，摧残了她在文化领域的更广大的成就。这是无可补偿的损失！到现时为止，走出象牙之塔的写作，在女作家方面，像她的造诣，现在看来也还是不可多得的。如果不是在香港、在抗战炮火之下偷活的话，给她一个比较安定、舒适的生活，在写作上也许更有成功。或竟丢弃写作自然也不是绝不可能，这不必我们来做假定。不过如果不是为了战争，她也许不会到香港去，也许不会在这匆匆的人世急忙忙地走完她的旅程，那是可以断定的。

除了脸色苍白之外，萧红先生在和我们初次见面的时候就看到她花白的头发了。时常听见她诉说头痛，这是我有时也会有的，通常吃几次阿司匹林就会好，却是副作用一定带来胃病。萧红先生告诉我有一种名叫 Socoloff 的，在法国普世药房可以买到，价钱并不昂贵，服了不会引起胃病，试过之后果然不错，从此每逢头痛我就记起她的指导。可是到了战事紧张，日本人入租界之后，这药买不到了。现时不晓得恢复了没有。她同时还有一种宿疾，据说每个月经常有一次肚子痛，痛起来好几天不能起床，好像生大病一样，每次服"中将汤"也不见好。我告诉她一个故事，那是在"一·二八"上海作战的时候，我们全家逃难。和许多难民夹住在一起，因此海婴传染到疹子，病还没十分复原，我们就在战事一停之后搬回北四川路的寓所了。没有人煮饭，得力的女工跑了去做女招待。我自己不是买菜就是领小孩。病后的小孩，刚三岁半，一不小心，又转为赤痢了，医了一年总不肯好。小孩长期吃流质营养不足，动不动就感冒生病，因此又患着气喘。这一年当中，不但小孩病，鲁迅先生和我都病了。我疲劳之极，患了妇人常遇到的"白带"，每天到医院治疗，用药水洗子宫，据医生说是细菌在里面发炎，但是天天洗，洗了两个多月一点也没有好。气起来了，自作聪明地偷偷买了几粒白凤丸，早晚吃半粒，开水送下，吃到第二天，医生忽然说进步非常之快，可以歇一下看看再说。我心想既然白凤丸有效，或者广东药店出售的白带丸更有效，也买了几粒服下，再服几粒白凤丸善后，从此白带病好了，永远没有复发。鲁迅先生是总不相信中医的，我开头不敢告诉他，后来医生叫我停止不用去治疗才向他说。再看到我继续服了几粒白凤丸居然把患了几个月的宿疾医好，鲁迅先生对于中国的经验药品也打破成见，而且拿我这回的经验告诉一些朋友，他们的太太如法炮制，身体也好起来了。像讲故事似的把前后经过告诉了萧红先生，而且我还武断地说，白凤丸对妇科不无效力，何妨试试？过了一些时候，她告诉我的确不错，肚子每个月都不痛了，后来应该痛的时候比平常不痛的日子还觉得身体康强，她快活到不得了。等到"八一三"之后她撤退到内地，曾经收到她的来信，似埋怨似称谢的，说是依我的话服过药丸之后不但身体好起来，而且有孕了。战争时期生小孩是一种不容易的负担，是不是我害了她呢？后来果然听朋友说她生过一个孩子，不久又死去了。不晓得生孩子之后身体是否仍然康强，如果坏起来的话，那么，真是我害了她了。现在是人已经逝世了几年，我无从向她请求饶恕，我只是怀着一块病瘕似的放在自己心上，作为精神的谴责，然而果真如此简单就算了吗？

> 生命的火在地下奔腾，
>
> 让它突出来吧，
>
> 毁却这贪婪的世界，
>
> 和杀人不见血的吃人者。
>
> 从灰烬里再生，
>
> 就是一株小草也好，
>
> 只要有你的精力潜在。

追忆萧红先生，我还亲眼看到她的一件侠义行为，那是为了鹿地亘先生方面的。据我们简单地知道：鹿地先生在日本的时候，确曾为了左倾嫌疑而被捕过，后来终于保释，是因为的确有消过毒的把握，否则绝不可能被日本军阀政府释放的。如同送过传染病医院去的人，倘使身体还在发热，是绝对不可能出院的，必然一切都没有问题了，这才放出。但是在日本政府的严密的不放心的监视之下，就是释放了也还是不容易生活的吧，因此迫得鹿地先生随着剧团，当一名杂役，四处走码头流浪到上海来。究竟以大学毕业生而当剧团的杂役是可惜的，被内山完造先生发现了，从剧团里拔出来，介绍他和鲁迅先生见面，由鲁迅先生代选些中国作家著作给他翻译，替他校正，再由内山先生给介绍到日本改造社出版。以此因缘，鹿地先生和萧红先生等认识了。及到鲁迅先生逝世，为了翻译《大鲁迅全集》日译本，在限定的短期间内出书，需要随时请人校正的方便起见，鹿地先生夫妇由北四川路搬到法租界来住，那时大约是一九三七年的春天。到了同年的八月，两国间的关系非常紧张的时候，在"八一三"的前几天，鹿地先生夫妇又搬回到北四川路去了，这是应当的，因为他还是日本人，在四周全是中国人的地方太显突出了。但是意外地，过了两天他们又到法租界我的寓里来，诉说回去之后自国人都向他们戒严，当作间谍看待，那是有性命之忧的，因此迫得又走出了。然而茫茫租界，房子退了，战争爆发了，写稿换米既不可能，食宿两途都无法解决。这是为翻译鲁迅先生著作而无意中受到的苦难，没有法子，尽我的微力吧，因此请鹿地夫妇留住下来。以两国人的立场，一同领略无情的炮火飞扬，而鹿地先生们是同情我们的，却是整天潜伏在楼上的一角。战争的严重性一天天在增重，两国人的界限也一天天更分明，谣言我寓里是容留二三十人的一个机关，迫使我不得不把鹿地先生们送到旅舍。他们寸步不敢移动，周围全是监视的人们，没有一个中国的友人敢和他们见面。这时候，唯一敢于探视的就是萧红和刘军两先生，尤以萧先生是女性，出入更较方便，这样使得鹿地先生们方便许多。也就是说，在患难生死之际，萧红先生是置之度外地为朋友奔走，超乎利害之外的正义感弥漫着她的心头。在这里我们看到她却并不软弱，而益见其坚毅不拔，是极端发扬中国固有道德，为朋友急难的弥足珍贵的精神。

致袁家和（谈集邮）

袁家和先生：

你来信很细心地摘录了鲁迅与集邮有关的材料，并要我对这方面做些解释。据我记忆所及，鲁迅自己没有收集邮票的嗜好，但对于爱好集邮的人，他是尽力给予方便的，如对许寿裳先生就是一个很好的例子。

后来，他自己的小孩到六七岁的时候，不记得是经过朋友的提起，还是小孩自己的兴趣，忽然想起收集邮票来了，鲁迅就从寄木刻图片收到的有关英、法、德等国的邮票，更多的是从苏联的邮票中选取一部分给小孩子做资料。那时，苏联是刚刚度过经济困难的时候，所以，鲁迅和萧三、曹靖华等友人通信的时候，寄来的邮票，也不是现在所看到的那种质地精良、印刷优美的邮票，而是一种在粗糙纸张上仓促印成的东西，仅只作为邮局通行的印证而已。越是这样，在我们看来，却更加觉得非常宝贵，因为它记录了无产阶级革命所经过的一段路程。所以鲁迅把它和友人寄来的木刻、书籍，一样地看得非常珍贵。后来，被小孩拿去放在他那小小的简陋的集邮本子里去了。从此，他那小本子里，就有了英、法、德、苏以及邻近国家日本的邮票。自然，也收集到一些便于搜求的中国邮票。但不幸的是，在一九四一年，日本侵略者发动太平洋战争，我被非法捕去的时候，那本邮集，也被当作值得侦察的资料而为日本宪兵掠去了。待到释放，发回杂物的时候，我一检查，才晓得除了别的东西毫无例外地被敌人翻腾过以外，这一本区区小儿的玩物，也似乎遭到敌人的忌恨而被粗暴地糟蹋无遗，内中许多稀有的邮票，都被撕去了！敌人的无耻卑劣手段，以及无孔不入的强盗行径，于此暴露无遗。从此，我的小孩也无心集邮了。但是我们对敌人的这种"德政"，却更加难忘于磨灭了。关于这一问题我所能够想起的，就是这些了。此外，见于《鲁迅日记》和其他著作的，恕我不再一一地详述。匆致

敬礼！

许广平　1962.8.25　北京

第三辑
—

对生活，
他一切都很简单

回忆鲁迅在广州的时候

　　鲁迅经过五卅惨案、三一八惨案之后，对于黑暗统治着的北洋军阀下的生活，感觉厌恶；对于蓬勃发展、朝气怡人的南方，感到吸引。那时，厦门大学既非官方统治，总算接近一步革命了，所以欣然南下。但是厦门大学的乌烟瘴气，使怀着美丽的憧憬的鲁迅，触到现实而粉碎了。于是原想由二年教课而缩短到不及半年即离去了。

　　从厦门来的时候，有好几个学生随鲁迅同来，除了那位廖立峨之外，还有一位姓谢的，似乎名郁生①，湖南人，同来后不久回去了。鲁迅一直怀念他，因为从此不知音讯，鲁迅想可能为革命牺牲了，不然总会有消息的。因为以他的不妥协的性格，以他的大无畏精神，以他的湖南人的品格，是会走向那一条道路的。怀念是令人忧抑的，而况是生死不明，而况是在这

---

① 应为谢玉生，可能是许广平有意改换名字的。

大时代里，革命的人才难得！就这样，痛尝怀念之果使鲁迅每一回忆起来就加深一层惆怅！

鲁迅初到广州时，曾有一位不相识的基督徒来中大再三邀请到香港去讲演，就是讲那《无声的中国》的一次，原先是邀去做一次讲演的，因为听的人多，后来又要求在第二天再做一次讲演，地点都是青年会。在轮船去香港的时候，同船一位陌生的中山县姓何似经商的人[①]，很替鲁迅担心，因此谆谆劝阻了许多时候，说人地生疏，一言不善，怕有什么风险，最后表示，倘有不妥，即找他设法，并留下地址而别。这种出于善意的爱护，是很难得的。于此，布置会场在青年会是看来比较妥当的了。

黄埔军校，那个曾一度以周恩来同志为首的、领导着学生前进的学校，鲁迅也曾寄予希望，他认为孙中山革命的屡屡失败是因为自己不掌握军队（见《两地书》），看到黄埔军校由革命的共产党在掌握，体现"武装的革命反对武装的反革命"的精神，是多么鼓舞着他，所以鲁迅也曾亲自到该校作报告。可是在他回来的时候，却遇到孔祥熙，硬自邀请到他家内吃饭，并且吹嘘说：这炊事员是给中山先生做过菜的。想不到中山先生用过的炊事员，这时也名贵起来，要拿他做招牌来为孔家店招徕生意，来给那位仅仅连中山皮毛也学不上的人做遮羞品。

鲁迅到广州是一九二六年底[②]，那时的中大是五人小组负责

① 鲁迅在《略谈香港》一文中说是船员。
② 鲁迅到广州是 1927 年 1 月 18 日。

管理，但正当统师北上，大军进到武汉的时候，许多人都北上去了，留下那位反动的朱家骅在单独负责。鲁迅是在这种情景下到了中大。

"我带领诸君往左走"是刚到中大的大会上听到一位负责人讲的话。学生们向左转的仿佛也真有些人。而且刚来就有人推测鲁迅的态度，《鲁迅先生往哪里躲》的文章也见到了，川流不息的来访者中不但有左，而且有中、右分子，而且来访者的不客气也使鲁迅生气，检查到鲁迅在做什么工作，检查到鲁迅的来往通信，这是"山雨欲来风满楼"的情景。而鲁迅还是那么忠厚，以为搬离中大，日间只来教书，即可避免许多干扰。

那时候鲁迅是中大教务主任①，文科院长是傅斯年②，以教务主任身份，免不了有时与朱家骅接触。但却奇怪，每一次到朱处都见文科院长傅斯年先在，不知为掩饰他的诡秘行动，抑为掩饰他的吹拍技术，他在这样的多次遭遇之后向鲁迅先生解释地说："他那里（指朱）的茶好，我常常去饮茶的。"鲁迅是一个光明磊落的人，遇着这些卑鄙龌龊之辈，也唯有远远躲开才好，因此公事接触也怕跑到朱的面前了。

鲁迅到广州（一九二六年底）的时候，正是国共还在合作，负责人又表示带领着学生往左走，总以为这里的气候（政治）比厦门大学好一些，光明一些，甚至还希望厦门大学的一

---

① 鲁迅任中山大学教务主任兼文学系主任。
② 傅斯年任中山大学文科主任。

些人转移到广州来。而事实是：广东中山大学里面就一党专政，并且这个"党"又远非本着中山先生的精神和实质的，一转眼间把联俄、联共、扶助农工的政策抛在九霄云外的了。在四月十五日的清晨，看到在白云楼的对岸，土屋的店楼上似乎是工会的住所被查抄了，接着看到文件和人被带走了，这不平常的遭遇正在抖动着每一个正义的心。忽然，一个消息接着从我家老工人口里投送过来，说中大贴满墙上的标语，都是骂共产党，对周（指鲁迅）也不利，他叫老周赶快躲起来。鲁迅并没有听这善良人的警告，倒立刻起身跑到中大去。这时学生已有许多被捕了，在会议上鲁迅首先主张营救学生，那时朱家骅吐出嗜杀者的凶焰，说中大是"党校"，在"党校"的教职员应当服从"党"，不能有二志。这几句话把在的人弄得哑口无言。鲁迅在这场合，看看不能扭转局势，即表示辞职，以表明抗议这种蛮横无理态度。

许寿裳，那位可尊敬的文科教授，在政治上始终与鲁迅合作，反对北洋军阀压迫学生时代，曾经一度表示与鲁迅一个态度，在鲁迅被伪教育部长章士钊免去佥事时曾一同辞职的。这回认为鲁迅所作所为也是合乎中国人民的要求的，看到鲁迅辞职了，他也一起辞去，表示抗议。

一样的辞职，反动的朱家骅采取两种不同的处理，对许立刻批准，对鲁迅则挽留。在他看来，许的地位不高，群众声望不及鲁迅，也要辞职表示抗议？就先向他不客气了。对鲁迅的挽留也不是真意，无非多留鲁迅几天在广州，不时有些侦探样的学生来访问罢了，另外还要造谣，说鲁迅逃跑了，不在广州了。这样搞得鲁迅去留两不是的时候，鲁迅一直待在广州，到同年十月才离开去上海①。

在广州，从四月到十月这半年期间，鲁迅一直没担任教课，中大已辞职，许寿裳先生又早已回去（五、六月间）②，鲁迅除了写些《北新》通讯、编些文集和给未名社写些稿，应付些不速之客，就这样地潜伏着，直到十月。因为来访的人很多，有慕名而来的，有聊闲天而来的，有借同乡关系而来的，有为求助而来的，总之不一，所以虽则潜伏，其实也未能做到"潜"字，如果真有什么不客气的对待，那是很容易的。

但就在这期间，给了鲁迅的益处不小，他常常对就近的人说："我幸而离开北京。"这里面包含两种意思，一是脱离开北洋军阀的黑暗统治；另一是离开北京，看到伟大的中国人民，还有中国共产党的真诚为国，眼界大了，希望也大了。同时在这伟大的无穷希望下，也还看到真有人吃人的境况，而这吃人者有的还是青年。他呼号说"被血吓得目瞪口呆"，开始不相信进化论了，从广州开始救正他，既然不是青年人胜过老年人，那么，真理在哪里？他开始探究、求索，知识分子的他，不是一下地彻悟过来的，由于血的事实所教训，在广州所遭遇的一切，不是亲身经历、耳闻目见，是很难深有体会的，所以他说"幸而离开了北京"是抱着得到宝贵的教训的意义的。

---

① 鲁迅 1927 年 9 月 27 日离开广州去上海。
② 许寿裳 1927 年 6 月 5 日离开广州。

鲁迅在中大，除了担任教务主任外，还担任了些功课，《汉文学史纲要》这个课目是在厦门大学开始讲授的。这个课目为新编的，独具风格的，但可惜的是厦门只教过开头的几段就停止了。而中大也只不过教过那么短的时间，也就是限于厦门的一部分，就遇到四月十五日拘捕学生，致学业不能继续，从此也没机会再教这门功课。因着别的工作关系，也未继续写完《汉文学史纲要》，作为他的创作的一部分，未完稿是可惜的。

因为暂时无须编讲义，所以有空的时间就用在别的方面了。例如接见学生和青年，接触共产党方面的人物，他都很好地留出时间，但绝不向别人宣传，所以现时要查考他见过哪些人，那是很不容易的，但从他的实生活上可以断定这一时期的他，是受了什么方面的鼓舞，得到了多少革命力量的启发，是难以计量的。

双门底的旧书店和广雅书局的线装本固然吸引过鲁迅，然而更加具有吸引力的却是丁卜书店的新作品，带有理论性的读物给予他以新的力量，从而辨明了是非邪正所在。

作为文艺性的读物，广州青年这方面却大感缺乏，鲁迅为填补这一缺憾，经过一位青年朋友的帮助，在芳草街的一个楼上借租下来，在当时还流通不到南方的鲁迅作品以及未名社的一些作品，陆续寄到这里出售，大约经过三四个月的时间，即随着鲁迅在中大的辞职而停止营业了 [1]。

---

[1] 北新书屋 3 月开张，8 月停业，为期五个月。

　　这一时期的最可惜的一件事，就是他到广州时郭沫若先生
已去武汉了，二人未能相见，"在广州见到郭先生，结成统一
战线"的心愿终未实现，造成许多兴风作浪的人们幻想的鲁迅
与郭沫若之争的文坛消息家的无谓呻吟，"是亦不可以已乎"！
假使郭未北上，二人终能相见，则必佳话连篇，给战斗增多少
力量，给文化界添无限美景了。

景云深处是吾家

　　回忆实是苦恼的事，因为事隔多年，脑海的印象自然就会模糊起来，免不得要做一番研究工作。

　　我于九月十七日收到上海鲁迅纪念馆的一封信，询问鲁迅在景云里曾住过几处房间、搬过几次场等。纪念馆同人一向积极负责，留心各项有关纪念事迹，严肃细致地考核历史事实，不遗余力。这次既承垂问，不敢潦草塞责。于是一面向各方亲友邻居仔细探听，有无一些唤起记忆、可资参考的材料；更其重要的是向周建人夫妇请教，因为一切经手事项都是烦劳他们的。凑巧九月底我随人大代表团去越南，直至十月中旬才回到北京。当时就看到周建人夫妇在九月三十日从杭州发来的一封信，答复和我的记忆是一致的。这才去掉了一切怀疑。

　　周建人夫妇的信中是这样说的："你们第一次住在景云里石库门的朝南房子第二排的最后一幢，与大兴坊接连，是二十三号；第二次住在同一排的第二幢，是十八号；第三次住在同一排的第一幢，是十七号，可是出入在十八号。"

住在景云里的时候，是有一些小小情节可资记忆的。但因事非重要，写回忆录时就略去了。如今既然有人关心，不妨写些出来，聊供研究之助。

一九二七年十月，鲁迅和我初到上海，住在共和旅店内，建人先生天天来陪伴。旅店不是长久居住之处，乃与建人先生商议，拟觅一暂时栖身之所。恰巧建人先生因在商务印书馆做编辑工作，住在宝山路附近的景云里内，那里还有余房可赁。而当时文化人住在此地的如茅盾、叶绍钧（当时一般用此名），还有许多人等，都云集在这里，颇不寂寞。于是我们就在一九二七年的十月八日，从共和旅店迁入景云里第二弄的最末一家二十三号居住了（后来让给柔石等人居住）。

鲁迅在广东遭遇一九二七年的"清党"之后，惊魂甫定，来到了上海，心里是走着瞧，原没有定居下来的念头的，因自厦门到广州，他如处于惊涛骇浪中，原不敢设想久居的。所以购置家具，每人仅止一床、一桌、二椅等便算足备了。没有用工人，吃饭也和建人先生以及他的同事们在一起。

景云里的二十三号前门，紧对着茅盾先生的后门，但我们搬进去时，他已经因国民党的压迫到日本去了。留在他家中的，还有他的母亲和夫人及子女等人，好在叶绍钧先生住在近旁可以照应。再稍远处，还有建人先生等一批长久在商务印书馆的同事，在这许多熟人环绕之中，我们就暂作安身之所了。

不料有一天，忽然砰砰枪声接连不断。我们只好蛰居斗室，听候究竟。事后了解，才晓得有一"肉票"，被关在弄内，后为警察发觉，绑匪企图抵抗，就窜到汽车房的平台上，作居高临下的伏击。在射击时，流弹还打穿二十三号的一扇玻璃窗，圆圆的一个小洞，煞是厉害。结果自然警察得胜，绑匪陈尸阳台，可见当时景云里是鱼龙混杂，各色人等都有的。鲁迅也未能安居，住在景云里二弄末尾二十三号时，隔邻大兴坊，北面直通宝山路，竟夜行人，有唱京戏的，有吵架的，声喧嘈闹，颇以为苦。加之隔邻住户，平时搓麻将的声音，每每于兴发时，把牌重重敲在红木桌面上。静夜深思，被这意外的惊堂木式的敲击声和高声狂笑所纷扰，辄使鲁迅掷笔长叹，无可奈何。尤其可厌的是在夏天，这些高邻要乘凉，而牌兴又大发，于是径直把桌子搬到石库门内，迫使鲁迅竟夜听他们的啪啪之声，真是苦不堪言的了。

自从我们搬到二十三号之后不久，鲁迅又向建人先生建议，两家合伙烧饭，以免和同事们一起诸多不便，一切柴、米、油、盐等杂务，托王蕴如同志的一位亲戚兼管，就在二十三号楼下煮食。我们的后门，紧对着一位鼎鼎大名的奚亚夫，挂有大律师的招牌。他家中有十四五岁的顽童，我们通常走前门，哪里招惹着他们呢？但因早晚在厨房煮饭，并带领建人先生的小孩，因此被顽童无事生非地乘煮食时丢进石头、沙泥，影响到小孩的安全和食物的清洁。鲁迅几经忍耐，才不得已地向之婉言。不料律师家的气焰更甚，顽童在二十三号后门上做那时上海流氓最可鄙的行为：画白粉笔的大乌龟，并向我们的后门撒尿。理论既不生效，控告岂是律师之敌？这时，刚好弄内十八号有空屋，于是在一九二八年九月九日移居到十八号内，并约建人先生全家从一弄原来的住处搬在一起。计从一九二七年十月起，在二十三号共住十一个月。古人云择邻相处，但当时的上海，无论如何择法，也很难达到自己的愿望。这是一段惨痛的回忆。

在十八号，鲁迅和建人先生怡怡相处了五个多月，深感建人先生相助之忱。蕴如同志在上海久居，一切事无大小，俱获她竭诚相助。鲁迅在这个时期，算是和兄弟怡怡相聚、朝夕相处得最快活的日子了。

忽然，听说隔邻十七号又空起来了，鲁迅欢喜它朝南又兼朝东，因为它两面见到太阳，是在弄内的第一家，于是商议结果，又租了下来。当时正在粉刷，并拟在十七至十八号之间，打通一木门，为图两家往来方便，就从十八号出入，正在计划之下，十七号因还没人搬进去，被偷儿乘隙破门守候了一夜，准备来到我家行窃，我们却毫无所知。鲁迅因夜眠甚迟，有时开亮后楼的灯去烧水煮茶，有时开亭子间的灯去如厕，这样竟夜之间，陆续不断，四处通明。到了三时以后，鲁迅正在临睡前漱口，偷儿却以为是人起床了，动手不得，大愤之下，撒满楼梯的粪便，失意离去，而我们却安然无恙。事后，鲁迅笑着说："他对我一点也没有办法，只好撤退了。"

一九二九年二月，鲁迅参加了自由大同盟，这时我们虽然搬到十七号内，但是风声紧迫，对鲁迅不利。我们在这里虽生育抚养了孩子，然而当孩子半岁，鲁迅的全部牙齿肿痛，陆续拔掉的时候，却避居到内山书店去了。当我们搬到十七号住的时候，厨房是空着不用的，出入活动，一切集中在十八号内。十七号厨房刚好就存放了一大堆木柴，等待干燥时好用。那律师家的顽童，眼见这情景，乘我们的疏忽，没有关上窗户，夜里却偷偷丢进满是煤油浸透的引火纸头，意想引起火灾。次早一看，却幸而熄灭在地。大律师的威焰，可算给我们吃尽苦头了。

因为政治上的压迫，屡次避居，内山先生也为之不安起来。到一九三〇年五月，才由内山先生介绍，又搬到北四川路楼寓里去。到了"一·二八"，日本军国主义者蹂躏了上海，景云里陷入火线中，周建人先生住的房子，他楼上的眠床，直穿炮弹。幸而他躲在楼下，才免于危险。但日本军队如狼似虎地到处捉人，看见了他，就加以拘留，经过鲁迅托内山先生去查询才得放出来和家人相见。可是景云里还拘着不少的人，有一家还有人被打死，有一家灶被毁坏，扔了不少脏东西。景云里当时遭到这样浩劫，是因为在宝山路附近，正是战火绵延的地段，所以现在若去查考旧迹，是否一切如故呢？我是不敢确定了。

至于鲁迅日记所载的门牌号数，可能有笔误。因为我记忆的门的样子和周建人先生他们说的完全一致，和王士菁编的《鲁迅传》也一点不差。想来旧痕还在，不致错误的了。

鲁迅先生的日常生活

——起居习惯及饮食嗜好等

我所认识的鲁迅先生，只不过占其全生涯的五分之一强，比较起许多他的老朋友，还是知道得不算多，写起来未必能周到。不过承好些朋友的督促，以为研究这时代的中国思想者，就是一饮一食，也可资参考的。为了义不容辞的责任，就拿起笔来了。然而每回谈到关于他的一切，却使我伤恸，时常眼睛被水蒸气蒙住了，以致搁起笔来。我愿意追述他，又怕追述他，更怕追述得歪曲了，丧失了我对于他的敬意。我诚然做过他的门徒，但离了学生生活之后，还是一样敬重的我的导师，我将能怎样描写我心中所愿意说的话？

"囚首垢面而谈诗书"，这是古人的一句成语，拿来转赠给鲁迅先生，是很恰当的。我推测他的所以"囚首垢面"，不是故意惊世骇俗，老实说，还是浮奢之风，不期引起他的不重皮相，不以外貌评衡一般事态，对人如此，对自己也一样。

做学生的时候，我曾正如一般顽童，边听讲边把这位满身补丁，不，满天星斗，一团漆黑，长发直竖的先生速写起来。我更很快就研究他的"为什么"。后来比较熟识了，我问他是不是特意做成这样的"保护色"，使人家不注意？他好像默认地笑了，这时我以为探寻到什么似的喜悦，给我猜中了吧。

其实，沉迷于自己的理想生活的人们，对于物质的注意是很相反的。有谁见过那些发明家在沉浸于学问的研求时，还时刻想到他的生活？拿表当作鸡蛋煮，和为了医学上的研究，甚至把有害生命的细菌也吞到自己肚子里做实际试验的精神贯注、不顾一切的人，不是也听到过的吗？所以鲁迅的一种寒伧之状，正不足为奇的。

另外的原因，他对于衣服极不讲究，也许是一种反感使然。据他自己说，小的时候，家人叫他穿新衣，又怕新衣弄污，势必时常监视警告，于是坐立都不自由了，是一件最不舒服的事。因此他宁可穿得坏些，布制的更好。方便的时候，譬如吃完点心糖果之类，他手边如果没有揩布，也可以很随便地往身上一揩。初到上海的时候，穿久了的蓝布夹袄破了，我买到蓝色的毛葛换做一件。做好之后，他无论如何不肯穿上身，说是滑溜溜的不舒服。没有法子，这件衣服转赠别人，从此不敢做这一类质地的衣料。直到他最后的一年，身体瘦弱得很，经不起重压，特做一件丝绵的棕色湖绉长袍，但是穿不到几次，就变成临终穿在身上的尸衣，这恐怕是成人以后最讲究的一件了。

他对于幼年穿新衣的不自由给予深刻的印象，所以对于海婴的衣着，穿了之后，是不愿意叫他当心的。如果他的小手也揣在身上，那算是和父亲学样，满不在乎的。就是我在旁边看得不舒服，也不好干涉，这时完全孤立了。

孔子的"栖栖遑遑"，是为的周游列国，想做官，来达到他改革社会的理想。而鲁迅也终日"栖栖遑遑"地"席不暇暖"，却为的是人手少，要急着做的事情正多，他以一当百还嫌不够，时常说："中国多几个像我一样的傻子就好了。""有一百个，中国不是这样了。"所以一面自己加紧工作，一面寻求精神的战士。

有些青年是那么热切地登门求教。在北京，我所见到的他的寓所，是时常川流不息地一批去了又来一批，甚至错过了吃饭的时间来陪客的。自然其中也许有些不过是来听听他的幽默谈话，博得轻松的一笑而去。这当然对于他是一种损害，但更不乏至诚至正地来求教。他绝不忍为了宝爱自己的光阴而拒却过。有时谈兴正浓，他反而会留你多坐一会儿。诚挚而又沉潜，久之意气相投，和他共鸣的精神战士，以他做轴心，而放散到四面八方的不知凡几。

因为工作繁忙和来客的不限制，鲁迅生活是起居无时的。大概在北京时平均每天到夜里十至十二时始客散。之后，如果没有什么急待准备的工作，稍稍休息，看看书，二时左右就入睡了。他并不以睡眠而以工作做主体，譬如倦了，倒在床上睡两三小时，衣裳不脱，甚至盖被不用。就这样，像兵士伏在战壕休息一下一样，又像北京话的"打一个盹"，翻个身醒了，抽一支烟，起来泡杯浓清茶，有糖果点心呢，也许多少吃些，又写作了。《野草》，大部分是在这个时候产生出来的。

有时写兴正浓，放不下笔，直至东方发白，是常有的事。在《彷徨》中的《伤逝》，他是一口气写成功的。劝他休息，他就说："写小说是不能够休息的，过了一夜，那个创造的人脾气也许会两样，写出来就不像预料的一样，甚至会相反的了。"又说："写文章的人，生活是无法调整的，我真佩服外国作家的定出时间来，到时候了，立刻停笔做别的事，我却没有这本领。"

但是他的脾气也并非一成不变。在上海，头发也不那么长了，衣服也不一定补丁了，差不多的时候也肯抽出时间做清洁运动了。他并不过分孤行己意，有时也体谅到和他一同生活的别人，尤其留心的是不要因为他而使别人多受苦。所以，他很能觉察到我的疲倦，会催促快去休息，更抱歉他的不断工作的匆忙没有多聚谈的机会，每每赎罪似的在我睡前陪几分钟。临到我要睡下了，他总是说："我陪你抽一支烟好吗？""好的。"那么他会躺在旁边，很从容地谈些国家大事或友朋往来，或小孩子与家务，或文坛情形，谈得起劲，他就要求说："我再抽一支烟好吗？"同意了他会谈得更高兴，但不争气的多是我，没有振作精神领受他的谈话，有时当作催眠歌般不到一支烟完了，立刻睡熟了。他这时会轻轻地走开，自己去做他急待动笔的译作。

偶然也会例外，那是因为我不加检点地不知什么时候说了话，使他听到不以为然了，或者恰巧他自己有什么不痛快，在白天，人事纷繁，和友朋来往，是毫不觉得，但到夜里，两人相对的时候，他就沉默，沉默到要死。最厉害的时候，会茶烟也不吃，像大病一样，一切不闻不应，那时候我真痛苦万状。为了我的过失吗？打我骂我都可以，为什么弄到无言！如果真是轻蔑之极了，那我们可以走开，不是谁都没有勉强过谁吗？我不是伤痛我自己的遭遇，而是焦急他的自弃。他不高兴时，会半夜里喝许多酒，在我看不到的时候。更会像野兽的奶汁所喂养大的莱谟斯一样（用何凝先生的譬语），跑到空地去躺下。至少或者正如他自己所说，像受伤了的羊，跑到草地去舔干自己的伤口，走到没有人的空地方蹲着或睡倒。这些情形，我见过不止一次，我能这时候把他丢下不理吗？有一次夜饭之后，睡到黑黑的凉台地上，给三四岁的海婴寻到了，也一声不响地并排睡下，我不禁转悲为笑，而他这时倒爬起身来了。他绝不是故意和我过不去，他时常说："我们的感情算好的。"我明白他的天真。他对一切人可以不在意，但对爱人或者会更苛求。后来看到海婴的对我时常多方刁难，更懂得了为什么对最关切的人如此相待。受到社会上许多磨难的他，一有感触，会千百倍于常人的看法的。我同情他，但不知此时如何自处，向他发怒吗？那不是我所能够。向他讨饶吗？有时实在莫名其妙，而且自尊心是每个人都有的，我不知道要饶什么。抑郁，怅惘，彷徨，真想痛哭一场，然而这是弱者的行径，不愿意。就这样，沉默对沉默，至多不过一天半天，慢慢雨散云消，阳光出来了。他会解释似的说："我这个人脾气真不好。""因为你是先生，我多少让你些，如果是年龄相仿的对手，我不会这样的。"这是我的答话。但他马上会说："这我知道。"

他处理他的书籍文具，似乎是比生命还着重，看看他的衣身，是不会想到这样一个相反的对照的。比如书龌龊了，急起来他会把衣袖去揩拭；手不干净，也一定洗好才翻看。书架的书，是非常之整齐；一切的文具用品，是他经手的，都有一定的位置，不许放乱。他常说："东西要有一定的位置，拿起来便当，譬如医药瓶子，换了地方，药剂师是会犯配错药的危险的。"他处理用品，就像药房的整然有序，无论怎样忙，写完字之后，一定把桌面收理好，然后才做别的事。他的抽屉，也一样地有秩序，是不愿意人搬弄的。在北京时，他小小的寝室，经常也是会客室，怕人家随手翻乱他的书，所以爱好欣赏些的，总是藏在较不注意的地方。他更不愿意借书给人，除非万不得已，遇到来借，倒不如另买一本赠送较妥。有时送给他的丛书，为了急于把同类的包藏起来，就是我预备看时也会嫌等得太久而包起的。曹禺先生的《日出》，我就没有看完，突然中止，好像电影正看到一半停止住了的不舒服。但是如果海婴来抢他看的书，或翻弄他的图画书，他却从未阻止过，至多叫我在旁边帮忙照料，让他看完才收好。他对于幼小者的同情，不肯拂逆他的意志，无论在什么时候都一样，甚至对于他酷爱的书也如此。

他对于书的看重，我没有见过第二个人像他这样。比如人家送他的《小说月报》《东方杂志》等的定期刊物，他看完了之后，总是每五六册做一包，扎好，写上书名和第几期至第几期，以便检查。凡是他包过的书，那方正紧凑，拆开之后，我是再也不能照样包好的。他不但包得好，对于扎的绳子也很留意，如果是好些的书，或线装本，扎时一定拣那些有浆质棉线做的绳子，免得扎的地方日久留一条线痕。就是这扁平的棉绳，扎时也要摊平；线头的结，一定要打在书的边缘，省得将来压着一个结的痕迹。有时人们送给他的定期刊物如《文学》之类，偶然收到一本装订不大齐正的，他一定另外托人再买一本较好的换过。自己印好的书，也首先拣出两部，包好起来。这爱惜的书，我很对不起，自他死后，未能好好地整理妥存起来，不免有些污损的了。

对于线装书，他也能够拆散修理，装订完好。像《北平笺谱》的线装之外，更布包角头，遇有缺页时，都是他自己拆添完善，和原来一样齐正。而且订的双线也一定使它平行，绝不肯让其绞缠一起。有时对于太旧的古书，两头都被尘埃染黑了，他也会一手紧压，一手用浮水石把它磨干净，使之焕然一新。

洋装书如果是时常用到的，他就先包一张书皮，省得龌龊。送给我的好些新书，他更欢喜把蜡光纸给包一张封面。在北京，有时到他那里，他会把四五本自己写作和别人的著作，每本都用雪白的纸包好见赠，接到手真不知如何从心底感谢呢。

他不但书包装得好，信封也做得好，大约一些老朋友还记得收到过他亲手做的信封的。在北京时，常常看见他把寄来的比较大而质厚的信封翻转面，更有时是把一张长方纸做成一只信封，非常之齐整匀称，绝不歪斜，大小异形，用一定的方法、技巧，纯熟而又敏捷，一下子做出一批来了。既能把包裹纸改成信封，真所谓化无用为有用，更于他那时的经济条件适合。但我还不了解他的苦心，反而向他恶作剧似的讽刺，把见到的纸张都叠起来请他做信封。然而他何必多作辩解呢，只笑一笑，就是了。想起来都难过，我太肤浅，类似这样的捣乱真可恶。

说到废纸做信封，我更忆起他日常生活之一的惜物。每于包裹的东西拆开之后，不但纸张摊平，放好，留待应用，而且更把绳子卷好，集在一起，预备要用的时候，可以选择其长短粗细，适当地用。自然这些无关大体的琐屑细微之极的枝叶问题，或者是毫不足道的。在一些大人先生或洋博士之流，何尝会把这戋戋放在眼里。而他则正唯其如此，日积月累地、随时随地可省则省，留有用的金钱，做些于人于社会有益的事。不然，不管他如何大心助人，以区区收入，再不处之俭省，怎能做到他当时所愿做的呢？

有些地方他却不愿意节省，例如住房子。我们初到上海，不过两个人，平常租一层楼就够用了，而他却要独幢的三层楼，宁可让它空出些地方来，比较舒服，虽然女工倒是不用。吃的东西虽随便，但隔夜的菜是不大欢喜吃的，只有火腿他还爱吃，预备出来不一定一餐用完，那么连用几次也可以。素的菜蔬他是不大吃的，鱼也懒得吃，因为细骨头多，时间不经济，也觉得把时间用在这种地方是可惜的。照例日常以鱼肉菜蔬做主体，但这里已经有一大部分不爱用了。爱用的还有辣椒，说起来也有一段可悲的生活在里面。据他时常说起的是：当他领受他母亲的八块钱到南京求学，到了之后，款就用完了。入学之后，再没有多余的钱可以给他做御寒的棉衣，而冬天来了，砭人肌骨的寒威是那么严酷，没有法子，就开始吃辣椒取热，以至成了习惯，进而变为嗜好，因之更是损害到胃的健康的要素之一。糖也欢喜吃，但是总爱买三四角钱一磅的廉价品。在北京时，东城有一家法国点心铺，算是那时首屈一指的了，很难得的机会，他才从收到的有限的稿费里买两块钱蛋糕来吃，而且也欢喜请我们。有时我怪问他为什么刚才不拿出来请客，他却叹息地说："你不晓得的，有些少爷真难弄，吃了有时反而会说我阔气，经常吃这样点心，不会相信我是偶然的。"这可见他的随处小心，一面我也疑心到他的过虑。但事实是：有时他知道某一位的艰困，请他们吃便饭，结果会说是他用酒食贿赂的呢，有的人就能够这样出奇，也难怪他的过虑。即使如此过虑，也还不免于谤毁的到来，所以有时他的举动，如果不是在社会上身受到多方的经验，是不大容易了解的，至少我自己觉得越过一天越加深地了解他。

人们对于他的饮酒，因为是绍兴人，有些论敌甚至画出很大的酒坛旁边就是他。其实他并不至于像刘伶一样，如果有职务要做，他第一个守时刻，绝不多饮的。他的尊人很爱吃酒，吃后时常会发酒脾气，这个印象给他很深刻，所以饮到差不多的时候，他自己就紧缩起来，无论如何劝进是无效的。但是在不高兴的时候，也会放任多饮些，例如在厦门大学，看到办教育的当局对资本家捧场，甚至认出钱办学校的人好像是父亲，教职员就像儿子的怪论，真使他气愤难平，当场给予打击。同时也豪饮起来，大约有些醉了，回到寝室，靠在躺椅上，抽着烟睡熟了，醒转来觉得热烘烘的，一看眼前一团火，身上腹部的棉袍被香烟头引着了，救熄之后，烧了七八寸直径的一大块。后来我晓得了，就作为一个根据，不放心他一个人独自跑到别的地方。

茶饮得很多的，而且一定要清茶。在北京时，他独用一只有盖的旧式茶杯，每饮一次泡一次。很浓，是我们用起来觉得有苦味的，还可以再泡一次。到了上海，改用小壶泡茶，但是稍久之后，茶的香气会失去的，如果不是工作太忙，没有时间细细品茶，他就会要求另换一壶。等到新鲜的茶来了，恰到好处的时候，他一面称赏，一面就劝我也饮一杯，因此我也学会吃浓茶了。

他更爱吸烟，每天总在五十支左右。工作越忙，越是手不停烟，这时候一半吸掉，一半是烧掉的。在北京和章士钊之流的正人君子斗争，医生曾经通知过他，服药同时吸烟病不会好的，我们几个学生那时就经常做监视的工作，结果仍然未能停止，从此之后，只不过劝告减少而已。他用的烟是廉价品，遇到朋友送些好的，也不肯独用，一定分赠些给别人，共同欣赏。黑猫牌的香烟他最爱好，可惜价钱贵，难得买来吸。还有一种似香烟粗细，用烟叶做成的廉价品，吸起来似雪茄烟气味，他也爱好，但气味不好，我不欢喜，他也就不买了。偶然也吸雪茄烟，似乎并不很爱。烟灰缸却一定要深而且大，放些水，省得灰随风乱飞。烟嘴是在上海以后才经常用的，又俭省，吸到半寸长，手都拿不住才弃掉，如果那些拾香烟头的遇到他，一定没有好处，因为那一部分已经给烟油弄潮湿，不好再用了。

记不清有谁说过：鲁迅的生活，是精神胜于物质。的确的，他日常起来迟了，多在十一时许，那么午饭就吃不下了，这样一起床就开始工作，有时直至吃夜饭才用膳，也不过两三种饭菜、半杯薄酒而已。想起来确是我的罪过，不会好好地注意他的营养，到后来，好像灯油耗尽，那火光还能支持吗？

我很直白地把他的生活写出来，但并不希望我们的文坛志士因热爱他而全盘模仿。譬如因为我是他的学生，有朋友看到我对于他的一切，恰好他的爱人也是学生，于是很神气地说："我是你的先生，我应该教你，你应当像 ×× 一样。"又有一位听到我说过鲁迅不肯借书给人，于是他对他的爱人也如此。这未免太"那个"了。我想该大可不必的，写这篇短文的本意毫不在此。

鲁迅先生的娱乐

在北京或更早期的鲁迅先生，他是怎样娱乐的，我不大清楚。只晓得也独自去看电影，但是一定不怎么多，因为那时的学校和教育部都是欠薪，他一直负债，到将离开北京的时候。比较做得到的娱乐是到中央公园去，有时是去个半天，但是在那里做什么？我不知道，也许到公园里的图书馆吧，不过一定不会赶人多的热闹场所，那是可以肯定的。

倘若说环境可以移人，或者这环境的确没有什么可资消遣，稍息一下疲劳的话，则有时的从俗一下是未始不可的。在广州，我们也时常到专门的茶室去吃茶点，那些点心真精致，小巧，并不太饱，茶又清香，都很合口味。而生活除了教书之外，着实单调，遇到朋友，就不期然地也会相约去饮茶了。

初到上海的时候，他经常给《北新半月刊》写稿及译《近代美术思潮论》，自己又编《奔流》和《语丝》，后来《语丝》请柔石先生代劳，他就给朝花社计划一切出版事业：除了选择译稿的材料，计划书面装帧，或自己执笔之外，做锌版也是要他选材料、跑制版所的。有些制版所因为他的生意相当忙，而且样子又质素，认为是跑街之流的人物，特别给他一个九折。他意外地得到的优遇，有时为了顺便，就会多做几个锌版预存起来，总计大大小小的不下一千多个，都是他自掏腰包、自去奔走得来的，现在却不晓得流向什么地方，无从查究了。

他外表的质素，在另一个地方，也被优待着，那就是福民医院。因为日语的流畅，许多朋友看病都请他同去任翻译，这些地方是有求必应、从不拒绝的，于是医院里面原雇的译员以为是来抢生意了，对他是面子客气，心里却不大乐意的。而那账房先生呢，看到病人有自己雇用的译员，看作阔人了，价钱格外不便宜。这情形好久才知道，因此我们自己在看病的时候，也并不上算，倒是吃他那翻译员资格的苦头，待到晓得了之后，给他作为谈助之资的笑柄好些时。

工作的过分忙碌，是没有余暇想到娱乐的。在初到上海的时候，看到别人的急急忙忙赶去看电影，有时恰巧鲁迅先生去访问不遇怅然而返的时候，他往往会含着迷惘不解的疑问说出一句：“为什么这样欢喜去看电影呢？”

那时他常去的地方，是书店或图画展览会。有一次，到南京路去看一位外国人炭笔或铅笔画的中国题材的图画，很新颖别致，他买了两三幅回来，预备做印书时的插图。但偶然也去看电影，却不多，比较多的时候，是后来的几年。

开初我们看电影，也是坐在“正厅”的位置的。后来因为再三的避难，怕杂在人丛中时常遇到识与不识、善意或恶意的难堪的研究，索性每次看电影都跑到"花楼"上去了。同样的理由，我们一同出去的时候也很少是坐电车的，黄包车尤其绝对不肯坐，因为遇着意外逃躲不方便，要不是步行，比较远的就坐汽车。这是他尽可能的戒备了，却并没有因此不出去。正相反，愈是空气紧，他愈是在家里坐不住，几乎每天都到外面走一次，这个脾气，也许可以说是人类的冒险性、不甘压迫性吧。譬如平常人，在家里十天八天不出去是很不足为奇的，但到被拘留了片刻，就羡慕起外面走过的人们，甚至冒了生命的危险走去求得到自由的人们也不少。鲁迅先生那时的心情也许如此的吧，愈是压迫，愈要出去，宁可多花费些，坐汽车，坐"花楼"。

如果作为挥霍或浪费的话，鲁迅先生一生最奢华的生活怕是坐汽车、看电影。

而一些书店老板，或迎合老板讨好的人们，在纷纷互相告语，说："鲁迅真阔气，出入汽车，时常看电影。"他们自以为"给予"了鲁迅若干版税，每月从百谣传，扩张为几千、上万，再拿鲁迅的实生活证明他们的恩惠和宽容，而不问他们拿着著作人辛勤的血汗所得，来做自己一切活动的基础，甚而悖入悖出地各自竞相攘夺，而独对于著作人拿他自己所应得的权利，自己自由支配到仅有的娱乐上，却期期然以为不可。希望他最好像老僧入定般不眠不食，光是做工才觉满意似的，甚至死后看到他的日记，时常写出看电影，也失望了，以为鲁迅的生活应该更苦些才是，意思仿佛很不应该似的。我们从这里看到社会对于他的残酷冷遇，而对于一些从文人转到做官了，做书贩的人们倒从不说一句话，而看看电影却义形于色了，这真是叫作"岂有此理"。

我是不忍也不肯劝阻，有时他提议去看电影，却总是首先赞成的。真是人生几何，他苦磨了一世，历尽饥寒交迫，穷愁潦倒到头发白了，去看看电影，来苏息一下，苏息之后，加倍工作的补偿，所贡献于社会的，难道不能说是好成绩？难道这也算是越分之举？老实说，他不但看电影，而且每次的座位都是最高价的呢，如果这也合该给一些不满意的人做材料，我现在就更老实说出来吧，他的意思是：看电影是要高高兴兴，不是去寻不痛快的，如果坐到看不清楚的远角落里，倒不如不去了。所以我们多是坐在楼上的第一排，除非人满了，是很少坐到别处去的。另外一点小原因我想是，总和我一起去，我是多少有些近视的，为了方便我，更为了我的满足而引为满足，他一定这样做。这样做了他更高兴，所以我也为了他的高兴而愿意依从他，从没有拒却过，这是我们间的私事了。但也可见他虽则娱乐之微，也不全凭一己的成见。另外还有一个原因，就是他不愿意费许多时间去空等，普通座位，容易客满，早去竞争，他是不肯的，只得花较大的价钱坐对号位子了。

看过的电影很多，有时甚至接连地去，任何影院，不管远近，我们都到的，着重在片子，因为汽车走得便捷，没有什么困难。他选择片子并不苛刻，是多少带着到实地参观的情绪去的，譬如北极因纽特人的实生活映演、非洲内地情形的片子，等等，是当作看风土记的心情去的，因为自己总不见得会到那些地方去。侦探片子如陈查礼的探案，也几乎每映必去，那是因为这一位主角的模拟中国人颇有酷肖之处，而材料的穿插也还不讨厌之故。历史的片子，可以和各国史实相印证，还可以看到那一时代活的社会相，也是欢喜去看的。击剑之类的片子，如《三剑客》等，偶然也去看，但并不十分追求。五彩卡通集及彩色片，虽然没甚意义，却也可以窥见艺术家的心灵的表现，是把人事和动物联系起来，也架空，也颇合理想，是很值得看的。滑稽片如劳莱哈台的《从军乐》《玩意世界》，以及贾波林的《城市之光》，都还好。有时一些儿童片是为了带海婴而去看的，结果他看了也蛮高兴，他是随时都保存着天真的童心的。《仲夏夜之梦》，刚开映于国泰时，真是口碑载道，场场客满，甚至我们信了宣传，特意跑去，也买不到票子，再赶看下一场，然而结果却使他失望，虽然有些新奇，似乎别开生面，却并不能说好的意义在哪里。代表时代的新事物如《科学怪人》之类，也曾经去看，而且有时虽不十分满意也看完续集，不过总不见得怎样佩服。似乎有一张片子，名字记不清楚了，或者是《未来世界》吧，房子通是水晶状透明的，电梯可以通到天顶那么远，但是眼底一览无余了，使人类生活复入于太单调化，也许不见得有什么好处呢。战争片子或航海、航空演习片，也喜欢去看，原因觉得自己未必亲自参战，或难得机会去看实际的飞机、兵舰之类吧。至于苏联片子，是每张都不肯错过的，比较上是最使他满意的了。最后看的一次《复仇艳遇》，是在他逝世的前十天去看的，最令他快意，遇到朋友就介绍，是永不能忘怀的一次，也是他最大慰藉、最深喜爱、最足纪念的临死前的快意了。国产影片，在广州看过《诗人挖目记》，使他几乎不能终场而去。那时的国产片子，的确还幼稚，保持着不少文明戏作风，难以和欧美片竞争，实在也难得合意的选材。从此之后，对于国产片无论如何劝不动他的兴趣。后来《姊妹花》之类轰动一时的片子，他也绝对不肯去看了。

晚间，小孩子睡静了，客人也没有，工作也比较放得下的时候，像突击一下似的，叫一辆车子，我们就会很快地溜到影院里坐下来。我们多是穿的不大注目的深色朴素衣衫，在影院里极力不往周围观看，或回头研究。因为我们不须研究别人，同时别人看不出是我们更好。有时也会约朋友一起去，多起来是七八个人一道。有些时候，如果时间早，就会弯些路，走到建人先生家里，约他们同去的。有一回，向茅盾先生要求，借他的儿子一下，茅盾先生莫名其妙地答应了，之后说明是请他儿子看电影。他们也住在大陆新村，隔得不远，他的小孩正每天发热休养在家，鲁迅同情他儿子的沉闷的养病，特别约他出去。那时茅盾先生的儿子大约已经有十二岁了，但是走在路上他还不放心，一定要拖着他，弄得那十二岁的孩子窘了。他回去对他的母亲似乎诉说他的疑惑，为什么这样大还要人拖呢，他平常到学校里读书，早已是自己走来走去，没有接送的了。

鲁迅先生有时娱乐，更欢喜和别人一同领受这仅有的娱乐机会。

更阔气的一次看电影，在一九三五年，时间似乎是初秋，由一位熟朋友通知：有一个地方请看电影，家属也可以同去，是晚上七时到那里。同去的人，有茅盾先生，来约的时候，刚巧黎烈文先生也在我家，于是带着海婴，五个人坐在预备好的汽车，开到一个停车处，遇到宋庆龄先生和史沫特莱女士，再一同转弯抹角了一通，然后停在一个大厦的前面。走了进去，出来招待的是苏联大使夫妇和驻沪领事，先是开映电影，《夏伯阳》那一张片子在电影院还没有开映之前先看到了。房间的结构很精致，座位十多个，正好看得清楚，招待的人还随时加以口头解释，有几位讲得一口流畅的北京话，所以言语上也还方便。看完电影，差不多九时了。正要告辞，却被招待到另一个修整的房间里，盛宴款待，却是还不过算作点心而已。席上各式名酒，每人酒杯大小有六七只之多。鱼的种类很多，光是鱼子，除了普通见到红色的之外，还有一种黑色的，据说最名贵。点心也真多，其实各种各式的菜更多，末了各种难得的水果和茶、可可，真是应接不暇。可惜那一天我们都吃了饭去，鲁迅先生又正发热，吃不下多少，但在他，恐怕是毕生最讲究的宴会了。这时苏联国内一般物质生活还未十分完善，然而就在这一宴会的招待上，可见人们所想到革命后的苏联，以为像满脚泥污的人们，走到豪华的所在的万不适称地不相符合。正相反，他们在一切周旋上都很能体会得到，席间并且特别开起在苏联新获奖的《渔光曲》以娱宾客。后来大家都到下临苏州河的凉台上乘凉，这时集中的谈话就是邀请鲁迅先生到苏联观光。旁边赞助最给力的是史沫特莱女士等。他们已经看到他憔悴的颜容、不堪重压的躯体，为了中国，希望这一位哲人多活些时，善意真可感激。在鲁迅先生自己呢，经过长久的考虑，第一，他以为那时正在压迫最严重，许多敢说敢行的人，都先后消沉、消灭，或者不能公开做他们应做的工作，自己这时还有一支笔可用，不能洁身远去。第二，他自己检讨，对社会人类的贡献，还不值得要友邦如此优待，万一回来之后仍是和未出国前一样地做不出什么，是很对不起的，一定要做出什么来呢，环境是否可能也难说。第三，照他自己耿介的脾气，旅费之类是自己出最好，自己既然没有这能力，处处仰仗别人，就是给一般造谣者的机会，不是并不一动，就已经说他拿卢布吗？固然为了谣言而气馁，鲁迅不至于如此地乏。不过自量权利义务不相当，他惭愧，因而绝不肯孟浪，还不如仍旧住在中国随时做些于人有益于己安心的工作。这结论，他坚决执行到死。中间不断地几次三番、直接间接地有朋友劝他出国，还是没有实行。但有一次在苏联似乎是开世界作家大会，中国方面预备鲁迅和茅盾先生出席的，后因时间匆促，临时他又患病，不能成行。如果真个动身了，以苏联医学的进步、设备的完善，或能消灭他一九三六年的大病致死于事前。然而这是回想的事了，当时也许骤然吸着新鲜空气，使肺活量不胜容纳也难说的。总之，那次苏联领事馆为了他们不方便在大庭广众中出现而特别举行的招待，是给予他很深刻的感动和良好的印象的。

鲁迅先生的香烟

——纪念鲁迅先生逝世九周年

　　凡是和鲁迅先生见面比较多的人，大约第一个印象就是他手里面总有一支烟拿着，每每和客人谈笑，必定烟雾弥漫。如果自己不是吸烟的，离开之后，被烟熏着过的衣衫，也还留有一些气味，这就是见过鲁迅先生之后的一个确实证据。

　　我头一次到他北平寓所访问之后，深刻的印象，也是他对于烟的时刻不停，一支完了又一支，不大用着洋火的，那不到半寸的余烟就可以继续引火。那时住屋铺的是砖地，不大怕火，因此满地狼藉着烟灰、烟尾巴，一天过了，察看着地下烟灰、烟尾巴的多少，就可以窥测他上一天在家的时候多呢，还是出外。一直到第二天出外了，然后女工才来打扫，否则除非等他高兴离开那间斗室，或走开到别的房间。

　　用烟灰缸和烟嘴是离开北平之后了。在广州，住在中山大学的大钟楼上，满是木板的楼面，应当小心火灾的。我们房间里有一只粗瓷痰盂，但是鲁迅先生的习惯，除了后来大病咳嗽之外，平时总不大见他随时吐痰的。所以可以说，痰盂和他不生什么关系，因此处理烟灰，除了痰盂之外，唯一便于随身移动的，自然就是烟灰缸了。

鲁迅先生的俭省有时几乎令人看不过去，例如抽香烟，直至烧手或甚至烧口，真正没法拿了，然后丢掉。广州随处都有象牙制品，差不多两寸左右长的一小段烟嘴，套在香烟上，是很便当的，我买到了送给他，从此就一直在吸烟的时候套上象牙烟嘴，到上海之后，也曾经好几次往大公司添换过。在这里可以见到鲁迅先生的习惯，并不是拘执不变的，在可能的时候可以改变。

他嗜好抽烟，但对于烟的种类并不固定，完全以经济条件做基础。在北平，时常看到他用的是粉红色纸包的一种，名称不记得了，因为自己对于这方面并不引起兴趣。在广州，吸的是起码的一两角一包的十支装。那时人们生活真富裕，香烟里面比赛着赠画片，《三国》《水浒》《二十四孝》《百美图》等应有尽有，有时鲁迅先生也爱浏览一下，寻出新样的集起来，但并不自己收藏，还是随手转赠给集画片的青年。到了上海，烟的样色多了，买香烟的差事是由我去办的，就时常带买些新出品来。日子长久了，我们房间的一角，就常有一堆堆的洋铁小长方香烟盒，后来电木圆听子的也有了，于是洋铁小长方空盒、洋铁圆听之外，又多了一种电木制品了。洋铁小长方香烟盒里，比较满意的是 Standard Tobacco Co. 和蓝底有白色埃及人像和牛及狮身人面的一种：The Flower of Macedonia。那时售价不过五角一听，里面就有五十支。大约一元买一百支还似乎觉得不大经济，香烟新出品又争相贬价竞售，而鲁迅先生自己又时常说："我吸香烟是不管好丑都可以的，因为虽然吸得多，却是并不吞到肚子里。"所以一百支装的小长方听子烟，一元可买两盒的，用得更长久了。话虽如此，红色圆听子有一只黑猫图案的香烟，总算是他最爱好的，因为价钱比较高，大约要一块钱才买到五十支，不大上算，只是偶然买些用。但是有一次有人送给他十来听"黑猫牌"，照理该好好地留着自己用了，却是不然，他拿来分送朋友和兄弟。无怪有人说他自己吸廉价的烟，留着好的请客。其实是有什么拿什么出来一同享受，倒并不是同时分开两种待遇的。纸盒的香烟，时常买"品海牌"是真的，因为他不爱用香烟夹，预备了也不用，宁可带两盒"品海"，倒觉便当。所以朋友提起他的吸烟，也注意到这个牌子，其实不过因为从前曾经用过，还好，价钱也低廉，所以比较多用这种了。

　　回想起来，我实在太简单，相信他"并不吞到肚子里"的说法，因此尽是买些廉价品的香烟供给他，这也许日积月累地已在做慢性杀害他的事业。其他类似的该懊悔的自然也不少，所以如果说许其忏悔，实在也太轻恕了我，其实是经常做那看不见的损害他，倒是真的。我如其没有把经历的一切忘记——实在也怎会忘记呢？——那么在我曾经照料过他的一个时期，确确实实太对不住他了。处处在经济上着想，没有尽最大的力量周到地招呼他。虽然在北平，为了和段、章辈战斗，他生病了，医生忠告他："如果吸烟，服药是没有效力的。"因此我曾经做过淘气的监督和侦查、禁制工作，后来病总算好起来了，却又亲自给他用劣等香烟来毒害他，这该是我自认无可饶恕的供状。我是个多么恶毒的女人呀，仅只是为了这几文臭钱，而甘愿把他日渐葬送掉了。如果人们惋惜他的死，就首先应该把毒箭射向我才是。

鲁迅的生活（之一）

简单一句，鲁迅的日常生活是平民化的。

燕窝、银耳等食品，他是并不如一般人那样看重的。还有一种食品他讨厌，那就是"莲子羹"。绍兴人的老例，过新年做媳妇的是要拿莲子羹奉献给一切亲属朋友的，因之媳妇就只会做这一手。这些毫无意义的陋习，使他见了莲子羹就摇头。因之绝对不要吃，有时起得迟了，或者因事耽搁了正当用膳的时间，他愿意简单地吃碗蛋炒饭。"蟹壳黄"之类的烧饼，更是他的爱好品，也时常买一些来请客吃。嫩的黄瓜，也是他当水果吃的嗜好品，他爱那爽脆夹些泥土气味的农民食物。他欢喜吃新鲜的东西，不赞成绍兴人的腌菜、干菜、鱼干等的制品。他说："干菜和腌制的东西，都是代表农村产品，而罐头之类，是外来的文明，却是工业品。中国大部分保存食物的方法，还没有脱出农业时代。"但是他对于绍兴的臭豆腐、臭千张（豆腐的薄片）等这些臭东西却又爱吃，而且我也学会了。

衣服他是绝对要穿布制的，破的补一大块也一样地穿出来。为了衣着的随便，于是乎在十里洋场的上海，他到医院给朋友当翻译，医院里面的人就当他是吃翻译饭的，大敲其病人的竹杠；到印刷所接洽印件，或到制版公司去制锌版，人家当他是商店里的跑街或伙计；到外国人的公寓去拜访，电梯司机人就当他是 Boy，不准他乘电梯，要他一步步跑到九层的楼上。这些待遇，他并不恼怒，有时却把它当作笑话的资料。

在学生时代，他最高兴回忆到的是十多岁在南京，大约那时学生和警察的制服相仿，而又都是吃的官饷吧，每逢他们走到外面，路见不平因而出来干涉的时候，警察总是站在学生这一面的。后来见到学生们请愿的时候，警察把学生当敌人一样看待，真使鲁迅感慨之至，这也是"一代不如一代"吧！那时他最得意的是骑马，据说程度还不错，敢于和旗人子弟竞赛（清时旗人子弟是以善于骑射自豪的，对于汉人善骑马的不很满意）。有一回就因竞赛而吃旗人暗算（他们把腿搁到马颈上，很快地奔驰过来，用马鞍来迅速地刮别人的腿脚，有时甚至可以刮断的），几乎跌下马来。由于好奇心胜，他会注意人们所忽略的，有一回在南京看到墙上贴有类似广告的一个纸印茶壶，接连地看到了好多次，他就沿着茶壶嘴的方向走，每逢到十字路口，茶壶就像示路牌似的安放在那里，照着这指示，愈走愈远，愈远愈荒僻，有些可怕，不敢再寻究竟了。过后细想，他以为一定是秘密组织者的符号，如果孟浪走到，是很危险的。

从南京回绍兴去省亲，通常坐的"长江船"，做学生时，他经济并不充裕，铺盖行李，照例是自己拿，绝对不肯花些钱，叫脚夫代劳的。在船舱里，一向的积习是有人先到，一件破衣，一条绳子，或一支担杆，各占一个床位。他一任那些强横者的恐吓，决不肯出钱来买床位，宁可守住行李，坐在行李上装打盹，毫不理睬。等到船快开了，那些强横者赶他也不动，到最后，强横者没法子，只好拿着绳担和衣服，愤愤而去，任凭他从容地拣最好的床位，打开铺盖，舒舒服服休息。这里他也利用"韧"的战略，他始终不畏强暴地和恶势力争斗，从做学生起就如此的。

在旅途上，他的生活比平常较闲些。大约这时他不执笔写字，暂时可以休息，所以路上食量较在家好，而且也不晕船。如果能够利用旅行来调剂他的生活，对于身心一定都有益处，可惜他没法子打破上海生活时期天罗地网似的密密重重的密令通缉，因之到了临死前，还没法离沪休养去。他的行李，在出门前是自己检点、预备，甚至卷铺盖、捆绳子，都是自己动手，都捆扎得坚实、紧凑、齐整，像他的包扎书籍一样。最后两次的回京省亲，年纪虽然大了，也还是如此。亲力亲为，无分大细，也不骄，也不馁。一九三一年，避难住在旅馆的时候，有一位叫老杨的工友，当他是老教书先生，天天跟他围炉子谈天，叫他代写家书，简直不晓得他是鲁迅。这就是十足的鲁迅。

鲁迅的生活（之二）

　　鲁迅的生活，后期的十多年，我稍微知道一点，现在就把记起来的说一下。

　　凡认识先生的人，没有不晓得他的特点的。他无论对什么人，都不摆架子，尤其对青年，即使是初次通信和见面，也绝无俨然可畏之状，反觉蔼然可亲。他的谈风，实在可佩，记忆力又好，又善于比方，给他一引一譬，听的人自然心悦诚服。他的口才，不下于他的文章，听过的人大约相信我的话。我有时对他说："你近十年来不教书是很可惜的，因为教书，直接听教的每班数十人，直接受了熏陶，再出去到社会上，其效力不下于写文章。"他也默认。不过后来因了环境关系，有时连登台说几句话的可能都被剥夺了，这是我们的一种损失。

　　有一些人，总说他爱发脾气、爱骂人。据我看来，他是最不爱发脾气、最不爱骂人的。以前，他做文章，攻击社会的黑暗面，借了小说的体裁，却不专指某人，所以容易令人不留意。其后，直接批评社会，有时为了批评的真切，简直借某一个人、某一件事来给某一群以掊击，于是这一群与之仇恨，或只攻击某人，而全群起而攻之了。

平常，他一切都很简单，没有特别嗜好。偶尔欢喜搜寻木刻，如果有国外新寄到的，有时可赏玩好几个星期。闲时也看看电影（这是上海旅居以来的事情，以前不的），算是唯一的娱乐了。他选择电影，偏重于大自然的，如野兽片等；儿童片和历史片，他也要看；最讨厌的是带着世纪末气味的堕落无聊片子。对于中国电影，在广州，我们曾经看过一张叫《诗人挖目记》的，内容的荒唐和表演的不进步，使他没有看完就走，以后对于中国片，就没有再看了。苏联影片，以其伟大，看了使人振奋，他差不多一有新片就要去看。最后一次，去年（一九三六年）双十节，在上海大戏院看《复仇艳遇》，使他高兴良久，见朋友就推荐。那张片子中，农奴最后给地主的一击（从前俄国的农奴，实在过着非人生活的待遇的），最使他快意。

他对于未来的憧憬的热切，立刻就产生了他的果决的实践。在北京时，人们对奉、直等军阀不满意，那时在南方革命势力影响下的冯玉祥先生，在西北也颇有整顿，颇有朝气，先生即与之合作，帮忙主编《国民新报》副刊。后来先生即离开生活了十五年的北京，来到南方，先到厦门，后又转到广州。一到广州，先生就说："我们应该同创造社的人联合，对文化有所贡献。"所以到不几天，怀着大量的高兴，就到创造社去访问，刚巧那时北伐正在发展，军事和政治的重心，陆续移向武汉，先生的希望没有能够实现。而广州，在"四一五"之后，突然来了一种紧急的政变。由于政见不同而这一部分青年把另一部分青年逮捕、格杀的事件出现了。先生的希望又幻灭了，他说："以前我以为老的死掉，中国就会好起来，如今看看不然了。"这一个打击，使他对于青年分两种看法。到了上海，为了同情改革者，接受了一个××大学的青年攻击学校腐败的信，登在他所编的《语丝》上，那时大约是一九三〇年。后来在那学校毕业的权贵不满于先生，跟着就在他出生的省，首先呈请通缉"堕落文人鲁迅"，通过了；后来似乎另外又有一个通缉：这使先生不得不直面黑暗而反抗了。同时另一部分被压迫的群众，天天在被送进牢狱，或在送进之前后被毁灭。这其中，有多少具有才能的有为的青年！先生愤激了，于是领导了左翼作家联盟，向黑暗势力反攻，又尽力介绍理论书籍。这个联盟在一九三〇年成立，但先生立刻就过着地下生活。一九三三年，先生和蔡元培、宋庆龄等发起中国民权保障同盟，未几该会亦被迫停止进行工作，此后先生不能在公众场所讲演；先生的书，时被禁售；先生的行踪，时被探询；再经几次战友的逮捕死难，先生的自由是没有了！

鲁迅在日本

日本翻译外国书籍以迅速著称，就以鲁迅作品来说，在他逝世不久，改造社就出版了《大鲁迅全集》。"全集"而又"大"，似乎应该是内容特多或本子特大了，而其实只不过七册。最后出的两册，已是在上海的"八一三"中日战争发生之后了，因此我得不到全部。以此送到北京鲁迅纪念馆的，还是托人从旧书铺里补足的，当然一般人更是很少看到。出书后又正值中日战争期间，料想在日本的读者，也被时局所推移，这书未必会有多大的销路。

今年夏天，内山嘉吉先生来到北京，带来了内山完造先生的大片的《鲁迅选集》广告之下的照片。那广告，是竖立在丁字口的马路上，占面积约有三开间门面的广阔，行人走过，无不一眼就看到。在日本再留心也看不到有第二个广告像这样大的。当然，以历史悠久的大书店在日本如岩波的，今天也还是有力量有气魄这样鼓吹一下。

《鲁迅选集》已出到第十一册（他们向例不是按次序，那本先译好就先印出来），新印出的一本是有《两地书》的译本在内的，每逢遇到日本朋友，不管是男是女，是老是少，是各阶级还是各阶层，开门见山，介绍之后总听见说：新近读过《两地书》，对你有加深的了解；或者说：《两地书》我读过了。有个市长，为了准备第二天的见面，连夜读了半册，第二天就亲自表白一番。这些情况，是可以理解的，对于一个异国来访者，如果没有预先的人物介绍或自动地愿意多掌握一些情况，因而多方设法求得一点点书本上的认识，是并不为奇的。可是这就使我窘上了，我在穷于应付之后只能说：这本来并不打算印出书来的，写信时也很随便。照例得到的答复是"很好""很有意思"，甚至有个说："很有教育意义。"这就真叫我惭愧无地了。从这里，看到鲁迅作品在读者方面的广泛性。

话说回来，《鲁迅选集》在日本的影响，是出乎意料地博得广大读者的重视的。岩波书店方面的译者与出版者都这样告诉过我。《世界杂志》编辑部长特别邀请到过中国的武田清子和我对谈，主要内容首先提到鲁迅，甚至问起鲁迅是否对我有特别的看待。我说不是的，凡是青年，向鲁迅请教，识与不识，鲁迅都一视同仁。举日本的增田涉先生为例：他到中国，经内山先生介绍，见了几面，鲁迅就满足他的请求，几乎天天拨出下午写作的时间，替他讲解《中国小说史略》，形似学生，实视同至亲好友一样。谈得高兴了，就在家里用饭，继续至夜，或一同到外面看电影，等等。鲁迅会体贴人，尤其愿意以他无边的慈惠，光照那些有上进而迫切寻求支持的人。

我不会忘记：八月二十日下午的一段时间，岩波书店主人布置了一个座谈会，人数虽只不过七八个人，其中有翻译鲁迅著作的竹内好、增田涉和内山完造等，但是比较不那么紧张，没有随时随地就遇到录音机直对住你的嘴，也没有两人对话时当中横挡着一个录音器的暗示你要当心，每一句话都像白纸黑字一样记下来了，改动不得的那样心情。大家很轻松地谈了两三个钟头，不！回忆了两三个钟头鲁迅的生活。因为是这样的一个在日本仅有的轻松环境，自然谈话内容是很拉杂的，然而是很愉快的。我更不会忘记，当我辞别出来的时候，书店内外直至马路口，还密密丛丛地站满了青年男女，其中又掺杂了一些白发斑斑的辛勤为文化事业工作的店员。我祝福他们，长期不倦地为日本人民的精神食粮做了不辞劳瘁的耕耘，也为中日文化交流做了不少年月的操作，我为他们的青春健在祝福，也为他们的劳动成果致敬！

人们告诉我：鲁迅作品之所以受到莫大的欢迎，连岩波书店老于出书的出版家也想不出其所以到处畅销的理由所在。他们说：日本人民今天所遭遇的情况，和鲁迅当时的旧中国没有两样。一到东京，久住过上海的一位朋友就对我说："一切和上海战前一样，什么都有，或者更甚些。"在我时常对日本朋友称赞日本风景好时，就有人马上给我回答"好是好，但不是我们的了"。每一走动，人们就会指点着介绍给我们，那新建的相连不断的大片房屋，"这就是基地"！日本多山，平地很少，而"基地"又多选在好的平地上。再遇到时，又会得到同样的介绍，这时我就回味到那句话"好是好，但不是我们的了"的意思所在。因此，人们告诉我：许多青年，许多各种人等，目前都爱好阅读鲁迅的作品，要从作品内找出解答，找出处理问题的方法，找出怎样地做人才好的答案。因为，他们说："日本人民今天所遭遇的情况，和鲁迅当时的旧中国没有两样。"哦！我明白了，由于这，我曾经对一些日本朋友说："那么，你们的急于出版鲁迅著作，来不及等待中国的《鲁迅全集》注释完了就先进行译印的理由就在于此吧！"我得到的回答是会心的微笑——或者说是苦笑。

一到日本就有人通知我，说有一个人愿意把鲁迅写给他的字送还给我们，说这个人名字叫长尾景和。我搜索尽我的记忆，想不出是什么人。后来到了大阪才见到了，是一位中年人，面孔生疏，名片上载明在化学工厂做事的，还是想不起来。待到他把二十多年前的照片给我看时，我高兴得跳起来了，连忙说："认得！认得！"是那么一回事，我记起来了：鲁迅在上海花园庄避难的时候，因我们住的房间很小，每天晚饭后，为了使海婴的睡眠得到安静，鲁迅和我通常就走到另一间大厅的过道里去围炉而坐，这时总有一个日本青年赶来陪伴，日子久了，有时就边剥花生吃边谈天。那里还有一个中国工友，得工夫也加入，常常到深夜才各归本室。工友只知鲁迅是一个教过书的先生，有时就请他代写家书。那个日本青年呢，鲁迅对他也坦白承认自己是避难来的。我们的印象，那青年是很诚实朴素的，也就很易亲近了。这一段生活，曾经和那青年很熟识了一个时期的经过，我是早已忘记了，但他手执的两卷意味深长的条幅，一幅已经悬挂到了残旧的地步，里面的文字是：

潇湘何事等闲回
水碧沙明两岸苔
二十五弦弹夜月
不胜清怨却飞来

义山诗　长尾景和仁兄雅属　周豫才

另一幅写的是：

天地不仁以万物为刍狗　圣人不仁以百姓为刍狗　天地之间其犹橐籥乎　虚而不屈　动而愈出　多言数穷　不如守中　谷神不死　是谓玄牝　玄牝之门　是谓天地根　绵绵若存　用之不勤　天长地久　天地所以能长且久者以其不自生故能长生　是以圣人后其身而身先　外其身而身存　非以其无私邪　故能成其私　辛未初春录老子语奉应　长尾景和仁兄雅教

鲁迅

看笔迹，也确是鲁迅所写的，我毫不怀疑。他还拿着一本《彷徨》，也有鲁迅赠予的题字。我们就在大阪的旅舍里谈开了。他说："这幅字（指第一幅）我几十年放在身边，无论遇到什么困难都没有离开过，作为鼓励我工作的老师一样，现在请你带回中国送给纪念馆。"并希望我写下一个收据给他。我感动极了。一个青年，萍水相逢，由于他的诚朴，博得鲁迅的尊敬，彼此坦怀相见。后来分手了，凭着薄薄的一张纸、几个字，就会引导这青年坚持向上吗？在他依依不舍而又自动地交出了两幅字条之后，我把手边带去的鲁迅照片一张赠给他了。我说："还要写收据吗？"他满怀欣喜，信托地说："不要了，不要了。"鲁迅对人，对一切人，就是这样的。让他们健康地努力前进吧！为了人类的光明。

还有一件值得高兴的事情，意外地给我遇到了。八月三十日早晨，反原子弹、氢弹大会的事务总长（相当于中国的秘书长）安井郁先生依照约定的时间到旅馆来了，他拿来一幅鲁迅手迹，本意是要我鉴定真伪的。打开一看，赫然是鲁迅的笔迹，内面写的是：

禹城多飞将　蜗庐剩逸民
夜邀潭底影　玄酒颂皇仁

上款写的是黄萍荪属的。安井郁先生要我解释诗的意思之后，还问起黄某是何许人，我就告诉他，那小子自称是青年，请求鲁迅给写字。凡有青年的要求，鲁迅是尽可能替他们办的。待到寄出不久，鲁迅的字就被制版做杂志的封面了[①]。而这杂志，是替蒋介石方面卖力的。当时鲁迅看到如此下流的人这样地利用他的字来蒙骗读者，非常之愤恨。这愤恨之情，至今还深深刻印在我的脑海。不知怎的，这条幅会落到日人之手，而这人又因敬佩安井郁先生为和平事业而奋斗的精神，就拿来转赠给他了。待我介绍了经过之后，安井郁先生欣喜过望地说："如此说来，我得到这幅字比黄某胜多了。"我也欣慰地说："如果有灵魂的话，鲁迅倘有知，亦会觉得这幅字有个着落了也！"安井郁先生又庄严肃敬而且认真地说："我将好好地保存这幅字，作为安井家传家之宝！"我说："作为中日间为和平事业而奋斗的文化因缘，那倒是佳话呢！"我们都抱着喜不自胜的心情告了别。

---

① 鲁迅这首诗的手稿，发表在 1936 年 10 月 31 日出版的《越风》第二十一期上，是为"纪念"鲁迅逝世的。鲁迅的愤慨另有原因。

鲁迅先生的晚年

（一九二六年至一九三六年）

这里所谓晚年是指的先生全部生活的最后十年间。也就是说：从四十六岁至五十六岁。依照一般欧美人士的看法，四五十还是壮年，正是事业开展的时代，并不能算是走到末年。在鲁迅自己，也是这样想念着的，所以他仍然朝气蓬勃，奋发有为，凌厉之气，真是不可一世。看看他这一期的工作，也正担当得起这种自负。而一些同时代比他年纪较轻的人有时尽管讥笑他似乎不服老，却未必像他一样拼着死来工作。很不幸地，他竟病死了，在他是成为晚年的五十六岁的值得我们纪念的一年。

这一期的生活，有几点大略说起来和以前的数十年表面上是不大相同的，虽然质的方面是仍然一贯着。

一、开始度避难的生活　向来以学者兼官吏的姿态安静地生活着的，自从一九二六年，因三一八惨杀案后，被列在当局屠戮者的点名册之内，从三月至五月因消息的时张时弛，避了三次不同的住处了。最后终于感到压迫的加紧，不易容身而到厦门。在广州，身历了一九二七年的大革命，被血吓得目瞪口呆而去。到沪之后，又以参加自由大同盟、中国民权保障同盟、左联等而几次三番地东逃西避，但只是变换居处，并不肯离开上海，毅然从事战斗的使命。

二、被限制于笔墨生涯　如上所说，他曾经做了十五年之久的教育部官吏，又兼任了十多年教师生活。到了一九二六年在厦门，似乎稍偏重于教学。一九二七年在广州，任中山大学文学系兼教务主任，也是以学校生活做主体的，不过这只是极短的时间。大部分的生活，从到了上海之后，曾经到过几个地方讲演，以及担任过劳动大学的教课数次。因为他尖锐的词锋、似质朴而具有潜在的煽动力的感人的演说，惊动而且触怒了一些敌视者，毅然密令各学校不得请他去讲演，除了偶尔的机会，突击一下的演讲之外，这一期他不能如以前一样地经常能在讲堂上灌溉一般青年以正确的理论的粮食了。这是很可惜的，他在讲堂上的感动力，并不亚于他的文章，凡是直接听过他讲演的人一定都会觉得到。这是一个重大的损失，在我们；对于他，就只能被限于笔墨，来传达他对社会的意见，和青年们相见了。

三、更坚决地做实践的战士　鲁迅无疑地被承认为一位思想上的战士了，我们从他的《呐喊》起，反封建、反旧礼教等，以至反正人君子的伪善、反帝、反法西斯、反侵略，一步紧似一步，战线由无物之阵至大敌当前，从枪口对内转而对外，从少数而至多数，从比较旁观而直接参与，不但用了笔，更实际参加团体活动，遵守一切纪律，不屈不挠地埋头苦干下去。

四、鲁迅译著共五十余种，而在一九二六至三六年出版的，不下四十种。也就是说，他十年间的成就，超过他全生涯，约占到五分之四，这一个可惊的数目，在他生命史上诚然是最光辉的一环了，这是从量的方面说。再检讨这大量的生产，从质的方面看，是否粗制滥造品呢？绝对不是的，其中有最富切中时弊、改革社会意见的杂感短评，最适合社会精神粮食的社会科学理论的翻译，以及新时代儿童读物的介绍和特具卓见的古代及近代木刻的推荐，每一发动，都有确定不移的良好效果。到如今，他逝世三周年了，似乎遥远也瞬忽的时光，也许有忘记的了吧！然而到处响着和他相同的呼声，到处走着和他一同的步武的人们，敢说不是少数的。这些人，没有从他受到什么约束在他活的时候。他也许没有想到这潜在力的深且远，而到现在萌芽出来，枝叶荣长了，越是多年生长的乔木，它的茁发，被人觉察到的程度越迟。

最伟大的建筑，它的基础是需要特别加倍打桩的稳固，才载得起这一重量的。在中国，这一大片地基上，要从几千年来的积弱、半封建的余毒，和几十年来的被侵略、半殖民地的魔手之下，建筑起民族自由、解放的合乎现代社会的国家，这建塔者的任务，第一块的基石，鲁迅奠起来了，很稳固地扎住了，遗留给我们的未完责任，凡相信鲁迅的人们，一定知道用什么方法，很快地把这一建筑赶紧完成。

第四辑

——

家里家外，
他是战士更是父亲

母　亲

有时一个人的脾气真奇怪：看见了别人家慈祥的母亲，心中会陡然产生一种被压迫似的感觉，难受到想找一个地方逃开，毫无感动，较为舒服些。这许是因为我从小就没有了母亲的缘故吧。

这情形我碰着了多少次，尤其鲁迅先生的母亲，给了我极其深刻的印象。

一位乡下人出身的老太太，我们料想她一定很顽固的吧，其实倒不尽然！她是最能够接受新的环境的。在看不过家里晚辈的小脚，特自先把自己的解放起来，作为提倡。不久她变成半天足了，而那晚辈的脚还是较她细小。后来看见女人们剪发了，虽然是七十高龄的老者，也毅然剪了下来。在夏季，人们多要穿白色鞋子了，这在顽固的年老人，是会看了不高兴的，记得我小的时候就眼见哥哥们不得允许。而这位老人家，暑天也穿白色鞋子了，头发并不很白，面孔是细致、白皙而圆圆的，戴起蓝眼镜，穿起玉蓝色旗袍，手撑蓝洋伞（她欢喜蓝颜色），脚蹬白色鞋，坐在人力车上，实在足够精神。所以偶然外出，人家总以为她是儿子的同辈呢。

她还有一点好处，就是从不迷信，脑里没有什么神鬼在作怪。一切都自然地生活，又从不唠叨，不多讲闲话，和年轻的最合得来，所以精神活泼而强健。

忽然觉得年轻人拿织针编东西有趣了，她也要学习。待预备好了一切，就从头学起，做得不好就拆掉，重新学过，一次又一次，日夜如此，坐下来也拿着织针，半夜睡醒也拿着织针。终于很复杂的花纹都给织出来了，衣服也能编成功了。七十岁的高龄，就如同十五六岁的小姑娘一样埋头苦学，始终不倦。儿子也佩服了。他说："我的母亲如果年轻二三十年，也许要成为女英雄呢。"

她老人家，现时已经八十岁了。我们除了民国的二十多年，再上溯五十五年，她是生在前清咸丰时代，那时思想极端闭塞，女人整天关在家里，多不识字的。而这位好母亲，她凭了一点毅力，自修到能够看书，这多强。她的生活就从这里出发，使自己勃勃有生气，毫不沾染一些老太婆讨厌的神气，更没有一点冷酷不近人情的态度。

在"三一八"的前夜，因了学校的风波，我们有几个同学跑到平素敬佩而思想比较革新的先生们之前，恳求主持正义。自然鲁迅先生也是其中的一位。因了同情被压迫者，许多先生起来和黑暗势力战斗了。正面迎来的章士钊、《现代评论》派陈源等背后靠着"三一八"的主凶"段执政",更有外力做后盾，给新的势力大加压迫、围攻。所以那时的国民党员是作地下生活，一被发现，就有被捕之虞的。而同情党的人，也一样地遭受敌视。这一派的势力深入到一部分的学校当局，所以反对学校，反对政府，就是"大逆不道"，随便可以枪杀。而被目为"学匪"自然也并不是怎么舒服的。做了"学匪"的母亲，我们想：她一定痛恨那些"毛丫头"多生事端，或者会拿起"母权"出来，干涉儿子们的行动。

她不是这样的母亲。

她把旧式的日夜消遣的小说丢开，每天开始学习看报纸（直到现在，没有一天间断。遇着生病了，也要找人给她读报）。大清早起来，抢先把儿子——鲁迅先生——要看的报拿过来，戴起眼镜细看一通。这时最欢喜看见我们"毛丫头"的到来，得以详尽地从报纸各节过细研究、讨论。遇到不平之处，大有慷慨激昂、愿意骂倒一切之状。反而惹得儿子好笑起来了，说："娘何必这样地气呢？"

老人家这时变成了二十多岁的青年似的焦急，等不到第二天的报纸，自己买起晚报来看了，必要时竟买好几份。看报之后，除了和有知识的人们打听国家大事，对不识字的，她也一点点慢慢地解释给他们听。可惜这一着大大地失败了。讲了半天，那些中年人漠视她的苦口婆心，敷衍了事。这足见年龄和思想并不一定是成正比例的。而她的日常生活，因此也相当地烦闷。

看报之后，和现社会接触了，晓得小我和大我的关系，对于儿子的举动，就尤其了解。为了野狗们的凶横、疯狂，犯不着作无益的牺牲，终于在她那一次病中被电召到京（那次经不起朋友们邀请，曾演讲了几次，立刻就有人造谣，说他负有某种使命北上，致引起当局注意）之后，没能够再北上。她绝不叫他再归省一次，她一点自私的心思都没有，虽则衷心是希望时常见到她的爱子的。她了解儿子肩头的重任是一刻也休息不下来的，转而设法自己南下了。我们自然万分地欢迎，然而终于没有能够实现。这失掉的机会，恐怕会使她现在想起来都增加不少的难受。

我们晓得有些老太婆是颇吝啬的，她却不然。她把自己不多的零用钱，时常拿给急需的人。别的什物也并不怎么珍视。有一回，忽然赠给邻居木匠的小孩一个带响声的"集团"风车——北京新年，市上常有的，一条直干，两旁横搁着十多个并排的带小鼓的风车，所以我就给它起一个"集团风车"的名字——那家人想了一种表示谢意的方法，特地高竖在墙头上，与众共赏。不料整天风车转动，推动十几个小鼓，蓬蓬乱敲，使得好静的儿子莫名其妙，这时做娘的也大窘了。

这种脾气，儿子也一样秉承下来。他欢喜分书给人，就是不认识的，有时信来了，他总千方百计给寄出去，在可能范围之内。而那第三代的小海婴，也遗传得一些。他时常把新得来的自己爱好的玩具奉送小朋友。用人生怕受责骂，有时先解释说小孩子不懂事，东西都送把人了。这时做父亲的总带笑说：

"不要紧的，我记得我父亲早先一句话：'有的分给人才好呢，等到我们要受人家分给倒不好了。'"这恐怕就是这一家人的人生哲学吧。

这回最疼爱的儿子死掉了，人家通知她，当时很镇静，不怎么哭，但之后不会走路了，寸步都需要扶持。她后来对人说："我听到了这消息，我倒不哭。不过两腿发抖得厉害，所以简直不能独自举步了。"这慈祥的母亲和儿子一样强硬，但精神却被打击得太惨了。

她于是广求关于儿子死后的一切记载，尽其力之所能及，满满地堆了半床。甚至《作家》《中流》都搜到披览。她对人家说："有些人想遮瞒我，哪里瞒得住我，我会看书的。"是的，这就是知识者的她的不同之处了。

看到各方面人士对于儿子普遍地悼念、真诚地爱惜，老怀宽放了。她自慰自解地说："还好，这样子，儿子死得也不太冤枉。"

儿子是不赞成死后的一切纪念的，而这一着就给予亲爱的慈母一种莫大的安慰。这恐怕做儿子的也没有计及的。

鲁迅先生说过："女人有时候有母性，有时候有女儿性，没有妻性。妻性是不自然的。"看见了这位老母亲，或者会相信上面几句话所含的深远的意义吧。

鲁迅先生与家庭

孙伏园先生在《哭鲁迅先生》里，曾经这样写过：

> 鲁迅先生的房中总只有床铺、网篮、衣箱、书案这几样东西。万一什么时候要出走，他只要把铺盖一卷，网篮或衣箱任取一样，就是登程的旅客了。他永远在奋斗的途中，从来不梦想什么是较为安适的生活。他虽是处在家庭中，过的生活却完全是一个独身者。

在北京时代鲁迅先生的生活，上面几句话真可以概括无余了。"永远在奋斗的途中"，这是我们孙师兄最的确的评语。唯其如此，对于家庭多少较一般人冷淡，奋斗的结果难免牺牲，预料到会牺牲了，还有什么看不透、忍不住、舍不掉的吗？一个社会的战士，对于家庭的注意自然相当淡薄，人的精力究竟有限，各方面周到是很难得的。

随手举一个简单的例：我们初到上海的时候，住在景云里的最末一幢房子里。有一天，差不多是深秋，天快暗了，他还在那里迷头迷脑、聚精会神，拿着笔在写不完地尽写尽写。我偶然双手放在他的肩上，打算劝他休息一下，哪晓得他笔是放下了，却满脸的不高兴。我那时是很孩子气，满心好意，遇到这么一来，真像在北方极暖的温室骤然走到冰天雪地一样，感觉到气也透不过来的难过。稍后，他给我解释："写开东西的时候，什么旁的事情是顾不到的，这时最好不理他，甚至吃饭也是多余的事。"这个印象给我是非常之深刻的，从此处处更加小心，听其自然了。但是在我们的生活里，他总勉强着自己，从来没有因为写作忙急而不和我在一起吃饭的，也可见他尽可能地在迁就别人。

在北京，他房子的北面像倒放的"品"字，他就在倒下的"口"字中作为卧室兼书室，三个"口"字当中的地方，东北角放着日常用的吃饭桌椅，西北角是一只木橱，西面放一衣架和柳条箱，经常打开着，这里放些他日用的衬衣裤，什么时候高兴换了，就自己去拿。东南角还摆一只面盆架、水桶，要洗面了，也是自己随便什么时候都方便的。后来在上海，因为工作的忙迫，这些琐碎的照料随时我可以效劳了，他就时常向人感叹似的说："现在换件衣服也不晓得向什么地方拿了。"

我曾经遇到过一位旧时代的官僚亲戚，他每回到家里来，就像一只猫走到一个鼠窝里一样，立刻声息全无。偶不小心，就听到训斥的告诫说："我是掌舵的，船怎样走要依我。你们是坐船的，没有我不行，你们不许作声！"坐船的人会能过问或配懂得开船的吗？这真是专制家长的自白。我有时跑到他的家里探望一下，遇到的时候，也是坐他船的了，一样地不好作声，然而心里却十二分地不舒服。鲁迅先生却相反，不但不像掌舵，倒像坐船的，一任我们意思。自己能动手的就做，没有空我帮他也可以，但绝不勉强，总要看我的能力而定。对于女工，从来是没有呼喊责备过一声的。遇到我不在家，要泡茶了，就自己捧着茶壶走下楼梯，到厨房去，自己动手烧水也可以，如果不是女工见到接过来代劳的话。就是这样的，尽自己动手，绝对不肯从楼上高声喊叫人来的。

在家庭里，有三样东西是他最恨的：猫、蟑螂、苍蝇。在《朝花夕拾·狗·猫·鼠》里，说明他的仇猫，"在十岁上下的时候了。……吃了我饲养着的可爱的小小的隐鼠"。到后来，他书桌旁那玻璃缸养着的十尾"苏州鱼"，忽然短少了，没有尸体，周围也看不到跳出的痕迹。几次的疑案，忽然在一天夜饭后回到房里，电灯一亮，一只猫从玻璃缸旁窜逃，于是疑团顿息似的，见到猫就赶去打。有时我先睡熟了，听到楼下客堂冲击的声响，莫名其妙地赶紧跑下去一看，原来关起门窗，他拿着棒在打猫，猫南北地跳，朝着两头的窗，是困兽，却不善斗。他则追奔逐北地两头跟着去打，见到我来了，也招呼加入战线，如果不是偶然的机会给它得间脱逃，准会死在乱棒之下的。蟑螂是夜里才出来，要消灭它，这时候比较便当；苍蝇呢，夜里却喜欢钉在屋顶上，最便于扑灭。这两种动物栖息的大本营却是厨房，在最多的时候，是夜静，他往往拿着杀虫喷射药水，跑到厨房，骤然开亮电灯，朝着见到的蟑螂喷射。苍蝇夜里不大会动的，就留在找不着蟑螂之后，爬到桌子上向天花板喷，每天数十只，积久了数目也很可观的。这样一方面除害，一方面在他也算是最活用肢体运动的机会了。他为什么对这两种小动物如此仇恨呢？苍蝇是传染病的媒介，消灭它不用多说。至于蟑螂，却最是他的对头，他爱书如命，是人所尽知的，他说："蟑螂最可恶，什么书都吃。撒了些污，又给书都弄脏了。身子又扁又滑，逃得真快，随便什么缝子都钻得进去，真可恶。"所以一见到，正是仇人眼里格外分明，就立刻脱了一只鞋子握在手里，连忙地打，逃了就赤着一只脚去追，追的机会一多，来不及洗脚，黑着脚底的事就时常有了。这种绝不放过的态度，如果不是了解他对于书的爱护，一定要批评是徒费精神的，然而正是他彻头彻尾毫不宽容之处。

日常生活用度的支出，他绝不过问，然而他的买书账自己是记下来的。当他想要买《四部丛刊》之类做文学史的准备材料时，曾经为了要花去几百块钱而游移不定了好久，还是我劝了才决定买的。至于我自己衣着的不讲究等，是一面不愿意和他做太相反的对比，更不愿意在不必要的地方花去他绞脑汁换来的金钱，而他却时常笑笑地说："看你这样落拓，去买一些新的来吧！"我说："要讲究，你这点钱不够我花呢。"彼此一笑也就罢了。

鲁迅先生与海婴

一

　　鲁迅先生的生平，承蒙许多知己朋友的督教，要我写些什么出来——随便什么都好。每逢听到这，我是不胜其惭恐之至的。

　　论时间，我和他相处不过十多年，真如白驹之过隙，短短的一刹那而已。譬如一朵花，我碰到它的时候正在盛开，但同时也正一点点走向凋零，其间的哀乐休戚，真是那样的骤忽，不可捉摸，这在我确是一种不可挽回的哀痛。倘为了纪念他，为了对这一位中国甚至世界的文豪、思想领导者追怀一切，贡献一些从我这方面观察的所得，那是义不容辞的。无奈一执起笔，就踟蹰惶恐：会不会因为我那无意中的疏误，或下笔时词句的不妥，使人们对于他的了解因之歪曲，或反而模糊了呢？果如此，则诚不如无书！而且医师从来不给自己人诊治疾病，怕的是太关切太熟悉，易为感情先入之见所蒙蔽，这大概不是无理的吧。站在太关切熟悉上的我，对于他，能否趋重于理智的观察，还是不敢自信的；那么我的记载也只能做研究鲁迅的人们的一种参考，依然是我自己的鲁迅观罢了。

我自己之于他，与其说是夫妇的关系来得深切，倒不如说不自觉地还时刻保持着一种师生之谊。这说法，在我以为是更妥切的。我自己不明白为什么如此，总时常提出来询问他："我为什么总觉得你还像是我的先生，你有没有这种感觉？"他总是笑笑地说："你这傻孩子！"

现在我是明白了，因为他太伟大，他的崇高，时常引起我不期然的景仰。他也亲切、慈蔼，和他接近较多的朋友一定觉得的。他是具有潜在的吸引力，能够令人不知不觉总想和他多汰留一下。他也热爱人们，稍微谈得来的朋友，总被他挽留长谈。他的光和热力，就像太阳的吸引万物、万物的欢迎太阳一样。所以，再进一步说，我下意识地时常觉得他是我的先生，还是不切当的，我哪里配做他的学生。以我那浅薄无知，那愚骏，那无所贡献于社会的生命，应该是在太阳之下消灭的。然而应该消灭的倒还顽健，而我们所爱戴的却已消灭，我因此时常诅咒自己的存在，时常痛恨自己的愚骏，没有在他生前尽我最大的力量，向他学习，从消灭之路把他领回来。因着我的活，更加添我的痛苦。

关于结婚请酒，鲁迅先生曾有一个诙谐的卓见，他说："人们做事，总是做了才通知别人。譬如养了小孩，满月了才请吃喜酒，这是不错的。却是为什么，两性还没有同居，就先请吃结婚酒呢？这是否算是贿赂，请了客就不会反对？"

我们什么时候都没有特别请过客。方便了，就和朋友一起聚会一下。海婴生下来了，每个朋友来到，他总抱给他们看，有时小孩子在楼上睡熟了，也会叫人抱他下来的。他平常对海婴的欢喜爱惜，总会不期然地和朋友谈到他的一切。

一九二九年九月二十五日夜，鲁迅先生因为工作过度之后有些发热，但是仍然照常工作。到睡的时候已经不算早，他刚睡熟不久，正是二十六日晨三时，那腹中的小生命不安静起来了，有规律地阵痛，预示了他的将要"来到人间"。我忍耐着痛楚，咬住牙齿不使他惊醒，直至上午十时才告诉他，事情是再不能拖延下去了，冒着发热，他同我去办妥住医院的一切手续。

从护士的通知他马上要生产了，预备好了小床、浴盆、热水，一次又一次，除了回家吃饭，他没有片刻离开过我。二十六日一整夜，他扶着我那过度疲劳支持不住而还要支持起来的一条腿，而另一条腿，被另一个看护扶着。不，那看护是把她的头枕着我的腿在困觉，使我更加困苦地支持着腿，在每次摇她一下之后，她动了动又困熟了，我没有力气再叫她醒。

九月二十七日大清早，经过了二十七八小时的阵痛，狼狈不堪的我，看到医生来了，觉得似乎有些严重，但是他们的话都听不懂。决定之后，由他那轻松的解决问题之后的爽快，安慰似的告诉我："不要紧，拿出来就好了。"

钳子由医生的手，把小孩的头拔出来，如同在地母的怀抱中拔去一棵大树。这像那树根一条条紧抓住地母的神经，从彼此的神经中切断开来般难受。终于赤红的小身体出来了，呱呱的哭声向这人间报了到。之后，鲁迅先生带着欣慰的口吻说："是男的，怪不得这样可恶！"

但从这一刻起，他把父亲的爱给予了他，后来从他告诉我，才晓得孩子如果不是在医院里待产，也许活不过来。在钳出之前，他的心音，听起来只有十六下，已经逐渐减少下去了。而且濒死前的污便也早已下来，真是千钧一发的了。当医生看到我难产的情形的时候，是曾经征询过他的意见："留小孩还是留大人？"他不待思索地说："留大人。"这倒使两条生命终于都得保存下来了。也许在他以为这孩子是意外的收获，为了他生命的不幸的遭难，然而却又倔强，就更值得宝爱了吧。

随着而需要解决的是小孩的给养问题。照医生的意思，是希望雇一位乳母。大约诊断后料定是母乳不足的了。再三地催促，而且善意地劝告，说是住在医院找奶娘验身体更为方便些。便是鲁迅先生一定不同意，定规要自己来照料。可是我们两个人既没有育儿的经验，而别人的经验他也未必一定相信，最认为可靠的，除了医生的话之外，就请教于育儿法之类的书籍。这么一来，真是闹了许多笑话，而又吃足了苦头。首先是哺乳的时间，按照书上是每两小时一次，每次若干分钟。有的说是每次五分钟，有的说是每次哺一只奶，留一只第二次，交换哺乳，较为丰足。然而人究竟不是机器，不会这样规律化的。小孩也真难对付：有时吃了几口就睡熟了，推也推不醒；有时他醒了，未到时间也不许吃，一任他啼哭。而自己呢，起先不等到两小时就觉得奶涨潮了，毛巾也几乎湿透。如是之后，再到喂奶时，已经是低潮期了，还是让小孩饿了肚皮照时间吃，于是就时常发觉小嘴巴左转右动，做出觅吃状态。这使我不安起来，和他研究一下，他说瘦些不要紧，没有病就好了。到了两个多月，患些感冒，去看医生，量了量体重，医生说这不对，孩子的重量只够两三个星期的。于是研究生活状况，由医生教我们在新鲜牛奶里面加粥汤、滋养糖等，分量照月份增加。这之后，才逐渐肥胖起来。其次是洗浴，在医院时，每天由护士小姐抱来抱去，怎样洗浴，我们从未参观过。待到十二天后回到家里，我稍稍能够起床了，于是两人商量给孩子洗浴。他真是特别小心，不许用未曾开过的水，更不愿意假手别人。在一只小面盆里，盛了半盆温水，由我托住小孩的身体，由他来洗。水既不大热，经过空气一吹，小孩受冷到面孔发青，小身体发抖，我们也狼狈不堪，草草了事。但小孩立刻有了反应，发寒热感冒了。好容易医好之后，从此就几十天不敢给他洗浴。而且因为几次伤风，天气逐渐冷了，又怕他再感冒，连打开他的衣服都不敢了。据鲁迅先生的意思，叫我每小时看一次孩子的尿布。他总算学过医的，我自然不好反对，但结果小屁股被湿污所浸而脱皮了。没法子只得又去看医生。由医生介绍看护每天来给小孩洗浴，这才知道应该把小孩卧在温水里，并且在水中放有温度表，时常留心水的冷下去，再添热水，这样，小孩在水里就一声也不响，看来像蛮舒服的样子。以后就每天如此。

看护小姐也时常提议叫我们自己学习自己动手。但是我们吓怕了，有点气馁。鲁迅先生说："还是让她洗吧，我们洗病了，不是还要花更多的钱吗？我多写两篇文章就好了。"以后，小孩还是每天请看护洗浴，一直洗到他七个多月。这是我应当惭愧的，对于育儿实在没有研究，弄到自己不知如何是好。他也和我一样过于当心，反而处处吃力不讨好。如果我多少懂些看护以及照料小孩的常识，总可以贡献一点意见；就因为自己不懂，没有理由纠正他的过分当心，就是别人看来，我们养小孩也不是在养，而是给自己吃苦头。本来做女学生如果教授育儿法，在"五四"之后的女青年是认为不大适合的。就算听过些儿童心理学，那是预备做教师用的，和养小孩不生关系，因之我急时抱佛脚来看育儿法也来不及了。所以我想，结了婚的女性，总有做母亲的一天，最好还是有这样的研究所或指导所，对于小孩，那惠福真不浅呢！

二

女人除了在进行恋爱的时候享受异性的体贴温存之外，到了做母亲，如果是合理的丈夫，看到自己爱人为生产所受到的磨难，没有不加倍同情、爱惜的。这时候的体贴温存，也是女人最幸福的生活的再现。但这风味稍不同于初恋时，那时是比较生疏，女性多少矜持着的。一到做了母亲，躺在床上，身体一点点在复原起来，眼前看到一个竭尽忠诚的男人在旁照料她的生活服食、起居一切，就会把不久前生产的苦痛看作幸福，是足以回味的，真是苦尽甘来的满心舒畅的一日。

那时我们的寓所在北四川路东横浜路景云里。从寓所到福民医院不过百数十步，在小孩生下来之后，鲁迅先生每天至少有两三次到医院里来，有时还领着一批批的朋友来慰问，而且顺便或特意手里总拿些食用物品给我。每当静静坐下来之后，更欢喜慈祥地看着小孩的脸孔，承认是很像他自己。却又谦虚地在表示："我没有他漂亮。"这句称赞，是很满意的，后来也一直地时常提起。

在小孩子出世的第二天，他非常高兴地走到医院的房间里，手里捧着一盆小巧玲珑的松树，翠绿、苍劲、孤傲、沉郁，有似他的个性，轻轻地放在我床边的小桌子上。以前他赠送过我许多的东西，都是书，和赠送其他朋友一样。这回他才算很费心想到给我买些花来了，但也并非送那悦目的有香有色的花朵，而是针叶像刺一样的松树，也可见他小小的好尚了。

十月一日的早晨，往常这时候鲁迅先生多未起床的，但是自从小孩生下来之后，每天九时左右他就来了。很悠闲地谈话，问到我有没有想起给他起个名字，我说没有。他说："想倒想起两个字，你看怎样？因为是在上海生的，是个婴儿，就叫他海婴。这名字读起来颇悦耳，字也通俗，但却绝不会雷同。译成外国名字也简便，而且古时候的男人也有用'婴'字的。如果他大起来不高兴这个名字，自己随便改过也可以，横竖我也是自己再另起名字的，这个暂时用用也还好。"他是这样不肯自专自是，对我和小孩。我自然十分佩叹于他的精细周到，同意了的。从此这就算是孩子的命名了。

然而海婴的名字多是在朋友面前才叫出的。依照上海人的习惯，不知谁何，也许是从护士小姐的口里叫起的吧，"弟弟，弟弟"，就成了他日常的称呼。不过他还有许多小名，那是我们私下叫的。譬如林语堂先生似乎有一篇文章写过鲁迅先生在中国的难能可贵，誉之为"白象"。因为象多是灰色，遇到一只白的，就为一些国家所宝贵珍视了。这个典故，我曾经偷用过。叫他是"小白象"，在《两地书》中替以外国字称呼的其中之一就是。这时他拿来赠送海婴，叫他"小红象"。

十二天之后，得到医生的允许，我可以回家了。自然多住几天更好，在他心里是希望我多休息几天的。不过他不时地奔走于医院与寓所之间，我晓得他静不下来工作，不大妥当，于是回去了。走到楼上卧室里，哈！清洁齐整，床边也一样摆起小桌子，桌子上安放些茶杯、硼酸水之类的常用品，此外更有一盆精致的松树。每一件家具，尽可能地排换过位置，比较以前我在的时候调整得多了。平时他从不留心过问这些琐碎的，现在安排起来也很合适，给我一种惊奇和满心的喜悦，默颂那爱力的伟大。

他更是一个好父亲。每天工作，他搬到楼下去，把客堂的会客所改为书房，在工作的时候他可以静心，更可以免得在小孩跟前轻手轻脚，不自如，和怕用烟熏了小孩不好。在会客的时候，也省得吵闹我的休养。但一到夜里十二时，他必然上楼，自动地担任到二时的值班。而十二时以前的数小时，就由女用人招呼，以便我能得充分休息。二时后至六时，才是我的值夜，每天如此，留心海婴的服食眠息。大约鲁迅先生值班的时候多是海婴睡足之后吧，总时常见他抱着海婴坐在床口，手里搬弄一些香烟盒盖之类，弄出锵锵的响声，引得小孩高兴了，小身子就立在他大腿上乱跳。倦了，他也有别的方法，把海婴横困在他的两只弯起来的手腕上，在小房间里从门口走到窗前，再来回走着，唱那平平仄仄平平仄的诗歌调子：

　　　　小红，小象，小红象，
　　　　小象，红红，小象红；
　　　　小象，小红，小红象，
　　　　小红，小象，小红红。

有时又改口唱仄仄平平平仄仄调：

　　　　吱咕，吱咕，吱咕咕呀！
　　　　吱咕，吱咕，吱吱咕，
　　　　吱咕，吱咕……吱咕咕，
　　　　吱咕，吱咕，吱咕咕。

一遍又一遍，十遍二十遍地，孩子在他两手造成的小摇篮里安静地睡熟了。有时听见他也很吃力，但是总不肯变换他的定规，好像那雄鸽，为了哺喂小雏，就是嘴角被啄破也不肯放开它的责任似的，他是尽了很大的力量，尽在努力分担那在可能范围里尽些为父之责的了。

最怕的是小孩子生病，本来提心吊胆在招呼他，如果一看到发热伤风就会影响他的工作。在日记里，不是时常提起海婴的病吗？遇到了真使他几乎"眠食俱废"，至少也得坐立不安，精神格外兴奋。后来小孩大到几岁，也还是如此。除了自己带着看医生之外，白天，小孩病了，一定多放在我们旁边，到了夜里，才交给用人照应，一定也由我们不时到她们卧室去打听。小孩有些咳嗽，不管在另一间房子或另一层楼，最先听到的是他。为了省得他操心，我每每忍耐着不理会，但是他更敏感，时常叫我留心听，督促我去看，有时听错了也会的，不过被他猜中的机会更多。遇着我睡熟了，如果不是咳得太厉害，他总是不叫醒我，自己去留心照料的。一个孩子他就费这许多心血，无怪他在日译《〈中国小说史略〉日本译本序》里说："一妻一子，也将为累。"的确是的，他时常说，有了我和海婴的牵累，使他做事时候比较地细心，时常有更多的顾虑。不过我是不大明白的，莫非他在上海晚年的生活，比以前更稳当些吗？或者只是在遇到风声不大好，他比较地肯躲起来一下吧。在我是担心他意外或意中地遇难，对于这，我们有时也起少许的波澜。每逢遇到他应友人邀请外出而没有依时回来，那我在家中遭遇的煎熬，凡是个中生活的人都体会得到的吧。尤其是这种操心，不能向在左右的人们说出，而在夜里，虽然绝不愿意想到什么万一的意外，却是首先总会想到的，甚至在脑中描出一件意外：一个人浴血躺在地上，但我是安坐在家里，让血在沸腾着，焦躁地对着灯儿，等待那人不来，坐也不是，睡也不是，看书也不是，做事也不是的时候，真是闻足音则喜，竖起耳朵，在等待听到那钥匙触到门锁的响声，就赶紧去开电灯，把满心的疑虑变成自觉是多余的庸人自扰了。这时，一面喜悦的埋怨声，一面抱歉地在说明。像闪电的瞬息，遇到了，在互相拥抱的欢慰的眼光中。

如果不是时常念兹在兹地想到工作，鲁迅先生也许会成天陪着小海婴玩的。即使工作很忙，每天至少有两个预定的时间必定是和海婴在一起。这就是两餐之后，女工在用膳时，一面为了不使小孩打扰她们吃饭的便利，一面借此饭后休息的时间，海婴和我们一同在房里。有时鲁迅是欢喜饭后吃少许糖果或饼干点心之类的，他会拣几块放在桌子角上，自己慢慢地吃。海婴跑来了。第一眼看见先冲到他跟前，毫不客气地抢光，有时还嫌不够。如果还有，当然再拿些出来给补充；若是一点也没有了，吃了他的也并不怎样，反而似乎很心甘情愿的。这时鲁迅先生多是靠在藤躺椅上，海婴不是和他挤着一张椅子在并排躺下，就更喜欢骑马式地坐在他的身上，边吃边谈天，许多幼稚的问题就总爱提出来：

"爸爸，侬是谁养出来的呢？"

"是我的爸爸妈妈养出来的。"

"侬的爸爸妈妈是谁养出来的？"

"是爸爸妈妈的爸爸妈妈养出来的。"

"爸爸妈妈的爸爸妈妈，一直从前，最早的时候，人人是哪里来的？"

这样子追寻到物种原始来了。告诉他是从子——单细胞——来的，但是海婴还要问：

"没有子的时候，所有的东西都从什么地方来的？"

这问题不是几句话可以了，而且也不是五六岁的幼小心灵所能了解，在盘问了许久之后，回答不清了，就只好说：

"等你大一点读书了，先生会告诉你的。"

有时觉得在一张藤椅子上两个人挤着太不舒服，就会到眠床上去，尤其夏天夜里熄了电灯，这时海婴夹在两个人当中，听讲故事。高兴了，他会两面转来转去地吻我们，而且很公平地轮流吻着。在有一天的夜里，大约是鲁迅先生还没有生病的前一年，照例地躺在床上，海婴发问了：

"爸爸，人人是哪能死脱的呢？"

"是老了，生病医不好死了的。"

"是不是侬先死，妈妈第二，我最后呢？"

"是的。"

"那么侬死了这些书哪能办呢？"

"送给你好吗？要不要呢？"

"不过这许多书哪能看得完呢？如果有些我不要看的怎

办呢？”

“那么你随便送给别人好吗？”

“好的。”

“爸爸，你如果死了，那些衣裳怎么办呢？”

“留给你大起来穿好吗？”

“好的。”

就这样子，谈笑而道之的。听的时候，觉着小孩的过于深谋远虑，以为说笑话般的，小孩子的问话，不料不久就像成了预立的遗嘱而实现了。

鲁迅反对小学教师的鞭打儿童，但有时对海婴也会加以体罚，那是遇到他太执拗顽皮，说不清的时候。但直至他死，也不过寥寥可数的不多几次。要打的时候，他总是临时抓起几张报纸，卷成一个圆筒，照海婴身上轻轻打去，但样子是严肃的，海婴赶快就喊：

“爸爸，我下回不敢了。”

这时做父亲的看到儿子的楚楚可怜之状，心软下来，面纹也放宽了。跟着这宽容，小孩子最会体察得到，立刻胆子大了，过来抢住那卷纸筒问：

“看看这里面有什么东西？”

他是要研究纸里面包藏些什么东西用来打他。看到是空的，这种研究的迫切心情，引得鲁迅先生笑起来了。紧跟着父子之间的融融洽洽的聚会，海婴会比较地小心拘谨一些时。

在别的时候，海婴也会来一个发表意见的机会，他说：

"我做爸爸的时候不要打儿子的。"

"如果坏得很，你怎么办呢？"鲁迅问。

"好好地教伊，买点东西给他吃。"

鲁迅笑了，他以为他自己最爱孩子，但是他儿子的意见比他更和善，能够送东西给不听话的孩子来做感化工作，这不是近于耶稣的打了右脸再送左脸去的忍耐吗？实际却未必真能做得到吧。

我也会打海婴的。小孩子最聪明不过，他看到女工们的迁就，他会格外泼辣；看到我怕他吵闹，尤其在鲁迅睡熟或做工的时候，他会更吵些。或者也许是我更神经过敏些，这就引起我的禁制和他的反抗，以至于打。但做父亲的，打完之后，小孩走开可以不理；做母亲的，遇到的机会一多，看到小孩的被打后惶惑之状可掬，有时是不自知其过犯的，能不心回意转，给以慈爱的抚慰吗？这样子，母子之间的威严总不会建立起来。有时连鲁迅先生也不会了解这，他总觉得他对付小孩是对的。也真晦气，海婴对于我虽不怕，但对于他的打却怕，有时候问他：

"爸爸打你痛不痛？"

"不痛。"

"打起来怕不怕？"

"怕的。"

"妈妈打你怕不怕？"

"不怕。"

　　在有一次我责备他之后向鲁迅先生谈起，我说，每次在责骂过海婴之后，他总是要我加以抚慰才算了事的呢。鲁迅先生很率然地说：

　　"哪里只是海婴这样呢？"

　　我才像彻悟过来似的说：

　　"啊！原来你也是要这样的吗？我晓得了。你无意中说出心底的秘密来了。"

　　这可见他的性情和小孩子多么像，人们说的"赤子心肠"，正可以给他做天真的写照。其实我并不会怎样责骂过他，只是两个人相处惯了，大大小小、内内外外的不平、委郁，丛集到他的身上，在正没好气的时候，如果我再一言不慎，这火山立刻会爆发，而且熔岩就浇到我头顶上来。的确，如果不是我温静地相慰，是不易了事的呢。

　　有些时候我也很为难，譬如在饭后的其他时间，海婴也会走到房里来的，以他特别对海婴的慈爱，和小孩的善于揣测成人，自然走到比较欢喜他的人跟前，而欢欣亲切地跑到他面前了。他能板起脸孔叫他出去吗？不能的，就是在最忙，也会放下笔来敷衍几句，然后再叫我领他去玩。有一回，他的稿纸正写到一半，海婴来了。看到他还未放下笔，出乎意外地，突然，他的小手在笔头上一拍，纸上立刻一大块墨。他虽则爱惜他的心血铸出来的东西，但并不像发怒，放下笔，说："唔，你真可恶。"海婴飞快地逃开了。

　　我是经常在旁的，除了有事情走开之外；尤其海婴来了，就是他和海婴玩，我也要陪在旁边，到小孩六七岁还如此。这不是他的命令，而是我自动地认为要这样做才好。女工是更不了解他的脾气和小孩的心情的，小孩在我们房间，女工来了也会不知所措。在写字台上，海婴欢喜立在椅子上拿起笔来乱涂。鲁迅是很珍惜一切用具，不肯随便抛弃小小一张纸，即便是包裹东西回来的纸张，也必摊平折好积存起来。包扎的绳子也一样，一束一束地卷好，放起，遇到需要的时候应用。但对于海婴索取纸张时，就是他最欢喜的，给他乱涂，也是满心愿意的。有时倒反而是我可惜起来了，我以为小孩子无知，应该晓谕，不好随便糟蹋，但他更珍惜儿童时代求得的心情，以他小时候的经验，教训过他，总多方给他满足。我不便过分制止他对小孩的依顺，然而因此海婴也许到如今有时还不大会爱惜物件。

在他身边玩得看看差不多的时候了，我会提议叫海婴走开，省得误了他做工，遇着他高兴，会说：

"不要紧的，让他多玩一歇吧。"

或者说：

"他玩得正高兴，不肯走的，让他在那里，横竖我不做什么。"

那么我要察言观色，看看他是否急要做事，再看海婴是否到了适可而止的机会。如果错过了机会，或者不晓得他在忙于工作，或者以为他们父子间正欢畅地谈天，不好蓦然叫开。等之又等，才由他开口叫海婴到别处玩的时候，等他去后，也许会感慨地说：

"把小孩交给我领了几个钟头了。"

在同小孩玩的时候他是高兴的，我又不敢打断他们的兴致——再把小孩叫开，但是走后他马上又珍惜时间的浪费，他是这样地克制着，为了和爱子周旋都觉得太过长久了。这更使得我在彷徨无主中度着日常的生活。

不过自从有了海婴，我们的生活比较复杂讲究些了。第一是用人方面，以前两个人是没有请人的，衣服的洗净和房屋打扫，是每天托建人先生的女工来一次，再早晚给我们拿些开水来，煮茶是我自己动手的。到了吃饭时候，来通知了，我们就到建人先生的住房里，五六个人一同吃。四五样普通的小菜，吃到后来不大有了，也还是对付着，至多不过偶然买些叉烧之类助助餐。这种生活，比较起一般小家庭还要简单，差不多如是者有两年之久。海婴生下之后，首先尿布每天要洗许多次，再要帮忙照料小孩，非添一个人不可，于是才雇了一位女工。

第二是住室方面，总是拣最风凉的给小孩睡。冬天，也生起火炉来了，海婴卧室一只，鲁迅也叨光有一只。不过火炉之于海婴，总不能算是"恩物"。前面说过，我的值夜是从二时到晨六时，六时一到，马上去叫醒女工，一面给海婴喂奶，一面让女工去把楼下鲁迅的书室生起火，然后叫女工在下面招呼孩子，让我可以再歇息一会儿，照例到早上九时才再喂奶。哪里晓得我们的苦心，给女工通通推到河里去了。房间生了火炉，热度颇高，在晨间的低温之下，她就经常抱着小孩开了临街的小窗和男朋友聊天，可怜这初生至六七个月的婴孩，在半冷半热中受着磨炼，抵抗不住了，就时常伤风，但我们哪里料想得到？待到小孩七个月，我们搬家了，才把她谢绝，之后，才有人说到如此这般的情形。

一九三〇年三月，鲁迅因参加自由大同盟、左翼作家联盟等集会，国民党浙江省党部同时也呈请通缉，鲁迅第一次避难在外，寄寓在内山先生家里的假三层楼上。每隔三两天，我抱了海婴去探望一次，这时海婴已经有半岁了，很肥胖可爱。为了避难在外，使他不能够每天看见他的爱子，想见了，在这种环境中，心情是相当说不出的难受。到了海婴六足月的一天，他还冒着侦缉者的嗅觉之下，走出来同海婴到照相馆去拍照，这时海婴还不会站立，由他蹲在桌子后面扶持住，才成一张立像。

压迫的波澜似乎有些低下，重又回转寓所。但寓所位在闸北，随时有可能被拘捕的一个极恶劣环境之下，迫使我们另觅新居于北四川路，杂在全是外国人居住的洋房里。刚刚安顿不久，就遇到一九三一年一月的柔石被逮事件，他和冯铿都曾经到过我们住所，而且传出来的消息，也从柔石探问过鲁迅，这直接的追求，可能无辜被逮的。只是他一个人出走也不大妥当，我们在患难中也不能共生死在一处吗？还是把我们留在原处实在不好，这回是三个人连同女工一位，租了一间外国旅馆，住下来了。这时海婴不过一岁零三个月，刚学走路，在窄窄的一小间房里，较暖好的大床，让给海婴和女工睡，我们是在靠门口的一张比较小的床上。避难是不能带书籍和写作的工具，更难得有写作的心情的，除了烤烤火，和同住的邻客谈谈天之外，唯一的慰藉，就恐怕是海婴的天真，博得鲁迅几许的欢笑。

然而举家避难，负担实在不轻，所以后来简直对于时常传来的危机，是由他去了。而且海婴也逐渐长大，会找爸爸，同了他去，也会说出在什么地方，不使父子想见，事实也难做得到，因而就不管三七二十一地听其自然了。最后的一次避难，在一九三三年八月，那是因为两位熟识的朋友被捕之故，但已经不大像避难，白天仍然回到家里，只是夜饭后住在外面就是了。

一九三二年的"一·二八"炮火在将次停止的时候，夹住在难民堆中的海婴，染了疹子，为了清静和取暖的方便，鲁迅急忙向旅店找到两间房子住了十天。疹子退净，我们就搬回北四川路寓所，因着生活的动荡、女工的告退、战后物资购置的困难，劳瘁之后，三个人都先后生病了。海婴是疹后赤痢，接连几个月都没有好，每天下痢许多次，急起来，就抱着下在白洋瓷罐上。每次的便痢，鲁迅一定要亲自看过，是否好些了，看完之后，就自己去倒在抽水马桶内，劝他交给女工，他是不大肯的，是否怕不当心传染开去呢？有时因了龌龊而加以劝告，但他的答复是："医生眼里的清洁，不是看表面，是看有否消毒过，平常人所说的龌龊是靠不住的。"这种不问大小亲力亲为的态度，有些朋友暗地批评他太过分心了。但不晓得他一向是自己动手惯了，自然会有这样的脾气，而况对于他的爱子，他能不留心吗？平时海婴生病了，生病期中的粪便，一定要留给他看过才可以倒去，比较严重的赤痢，自然更不放心了。他是深晓得医学上的从粪便诊察病情的，既然如此留心小孩的生病，照料和陪着去看病等的烦琐任务之下，因之每次海婴生病，就是给他的一种重累，甚至也妨害到写作，这是我所看了不忍的。如果再多添几个小孩，真会把他累死。

每年至少有一次，在海婴生日那天，我们留给他作为纪念的礼物，就是同他到照相馆去拍照，有时是他单独拍，有时是三个人同拍。值得纪念的照相有三张，一张是海婴半周岁时，鲁迅先生特从逃难处走到外面，一同到照相馆，由他蹲着，以双手支持海婴的立像。另一张是他五十岁、海婴周岁时，他抱着海婴照了之后，亲自题了两句诗："海婴与鲁迅，一岁与五十。"他题好之后，自己说："这两句译成外国文，读起来也很好的。"再一张是在海婴四周岁时，冒着暗沉沉的将要暴雨的天气，我们跑到上海最有名的一家外国照相馆去了。如果是迷信，这一天真像预示我们的否运到来，走到照相馆的门口，不久就是决了堤一样的大雨从天上倒下来，几乎连回家也不容易。以后就更没有三个人一同拍过照了。而这一张，就是流传在外面最容易见到的。另外的礼物，有时也买些糖果、点心、玩具做赠品。在临到海婴六周岁，他逝世的前一年，就更加郑重地做了一次生日，先是带着到大光明去看电影，出来又到南京路的新雅晚餐，在海婴是满高兴的，他也为他的高兴而高兴。但总排遣不掉他那种急迫的情绪，有时会忽然呆起来，或坐立不安，急于要回家照常工作之状可掬。

至于他自己的生日，活着的时候，我们共同生活以来，每年这一天，我多少总预备些他喜欢吃的菜肴之类，算作庆祝。

今天在执笔的时候，正是阴历的八月初三日，很巧合地，是鲁迅先生的，也是我母亲的生日。母亲死得很早，生日怎样做，我已经不记得了，但死了之后，每年这一天，家里一定做些菜，烧点纸钱，祭奠一番。自他逝世之后，也度过了两次生辰了，固然我没有做过菜来祭奠，连到坟头去走一趟纪念一下也不可能！就是买些鲜花贡献在照片跟前也没有做。不是忘记，不是俭省，而是我心头的迷惘，只要蓦然想到他，随着忆念，我会突然地禁不住下泪。这无可补偿的损失，尤其对于我，没有任何物质上的动作可以弥补，或慰藉一下的。至于无论什么举动，加之于他，我总觉得不称意。想到今天他活着时候，我的欣快，彼此间的融洽，是给我现在更深刻的痛苦的对照，直至永远。

实在因为体力之故，在马路上海婴多由我带领，或抱在手里。如果在这时候，我手里拿的东西，他一定抢过来自己拿，也是一种分担责任之意吧。遇到坐在车子里，总是叫海婴在当中，两旁的我们，由他招呼着，一定要把脚拦阻住，有时更加用手扶持，防他跌倒。一句话，小孩在他旁边任何时候，都是用全副精神留心着他的起居动定的，太费神了，往往在走开之后，这才舒一口气。如其夹坐在我们当中的海婴指东画西地鉴赏马路，提出疑问，他就会和我作会心的一笑，对海婴真是"象忧亦忧，象喜亦喜"，把人家兄弟之爱易作父子之爱的。

在炎夏的夜里，晚餐之后照例是海婴在我们旁边，遇到他高兴了，会约同出去散步，或者到朋友那里闲坐。更多的机会是到内山书店，这时海婴首先把放在书架旁的梯子抢到手，一定爬到顶层，睥睨一切，自得之至，然后从内山先生那里得到糖果点心或书籍之类，时常是满载而归的。有一天，照例散步回来，至附近吃过冰淇淋之后，海婴还不肯回家，而且对坐汽车有特别兴趣，他也就特从其好，三个人坐着车子，由北四川路底向江湾兜风，一直开到体育会才转回来。那里路宽人静，真是畅所欲行，在上海的特坐汽车兜风，这算是唯一的一次闲情逸致，也可以说是有了海婴之后生活的变化，以前我们整天是书呆子，哪里想到会去兜风的呢？

从前这书呆子的他，除了到书店去，其他的什物店是头也不回地走过的。有了海婴之后，他到稍远的地方，一定要到大公司的玩具摊上，留心给小孩拣选玩具。最欢喜买回来的，是那用丝线旋紧再放下来急转的洋铁做的一种陀螺。点心罐头之类有时也会买来。遇到朋友请吃点心，倘使新出品，他会留起一两件带回，尤其到外面时间比较长久了，海婴就会说："爸爸还不回来，一定有好东西带来的吧。"所以他一回来，在门口等待的海婴，一定夺取他手中的包裹检查一下，要是投其所好呢，就欢跃而去。如果带来的是书，失望了，鲁迅一定抱歉而又预期答应好，须一定给海婴买。为了这新的需要，迫使鲁迅不能专注意于书，别的店铺也留心到了。

对于孩子的性教育，他是极平凡的，就是绝对没有神秘性。赤裸的身体，在洗浴的时候，是并不禁止海婴的走出走进的。实体的观察，实物的研究，遇有疑问，随时解答，见惯了双亲，也就对于一切人体都了解，没有什么惊奇了。他时常谈到中国留学生跑到日本的男女共浴场所，往往不敢跑出水面，给日本女人见笑的故事，作为没有习惯训练所致的资料。这也正足以针对中国一些士大夫阶级的绅士，满口道学，而偶尔见到异性极普通的用物，也会涉遐想的讽刺，这种变态心理的亟须矫正，必须从孩子时代开始。

普通知识的灌输，他并不斤斤于书本的研究，随时随地常识地晓谕譬解；便中有时对于电影的教育，也在娱乐中采得学识的一种办法，他是尽着机会做的。他自己对旧式的背诵似乎很深恶痛绝。对一般学校的教育制度也未必满意。如果他较年轻，有了孩子，我想也许自己给以教育的。可惜海婴生下之后，人事的匆促，他未能照顾到他的求学方面。然而在现时的学校，读到大学毕业，甚至留学回来，是否个个都成器了呢？还是疑问。因此孩子入校读书情形，可以说在他是并不怎样注意的，而且他自己所学和所用的也并不一致，还是自修要紧，在他想来或者如此。看看海婴，的确在他旁边，时常问东问西的，增加了不少常识。

到了现在十足岁了，离他死已三周年了，海婴还不过读到小学的三年级，有些常识，却超过五六年级的儿童所晓得的。但海婴并不满足，他时常说起："爸爸如果现在还没有死多好，我有许多许多不明白的都可以问问他。"我听了除了惭愧自己的学力低浅而外，对孩子是没法填补这缺憾的了，然而社会像海底的宝藏一样繁复、灿烂、深潜、可喜、可怖，我将把孩子推到这人海茫茫中，叫他自己去学习。"只要他自己学好，父母的好坏是不在乎的。中国社会向来只看本人的成就，所谓英雄不问出处，父母是没有多大关系的。"有时谈到孩子的将来，鲁迅先生往往就这样说。他没有一处不是从现实着想，实社会是一个什么样的，他可以算是拿到这秘密的锁钥了。因之我也不是打算把海婴送到海里——让他给淹没。他应该训练自己，他的周围要有有形无形的泅泳衣来自卫，有透视镜来观察一切，知道怎样抵抗，怎样生存，怎样发展，怎样建设。鲁迅先生活的时候，给予他的教育是：顺其自然，极力不多给他打击，甚或不愿多拂逆他的喜爱，除非在极不能容忍、极不合理的某一程度之内。他自己生长于大家庭中，一切戕贼儿童天真的待遇，受得最深，记得最真，绝对不肯让第二代的孩子再尝到他所受的一切。尤其是普通所谓礼仪，把小孩子教成木头人一样，见了人都不敢声响地拘拘为仁，他是绝不肯令海婴如此。要他"敢说、敢笑、敢骂、敢打"。如果我们错了，海婴来反驳，他是笑笑地领受的。因此，海婴直到如今，和普通小孩在一起，总觉得他太好动，太好研究一切，太不像守规矩的样子。就这样吧，我们的孩子。

最后的一天

今年的一整个夏天，正是鲁迅先生被病缠绕得透不过气来的时光，许多爱护他的人，都为了这个消息着急。然而病状有些好起来了。在那个时候，他说出一个梦：他走出去，看见两旁埋伏着两个人，打算给他攻击。他想：你们要当着我生病的时候攻击我吗？不要紧！我身边还有匕首呢，投出去掷在敌人身上。

梦后不久，病更减轻了。一切恶的征候都逐渐消失了。他可以稍稍散步些时，可以有力气拔出身边的匕首投向敌人——用笔端冲倒一切，还可以看看电影，生活生活。我们战胜"死神"，在讴歌，在欢愉。生的欣喜布在每一个友朋的心坎中，每一个惠临的爱护他的人的颜面上。

他仍然可以工作，和病前一样。他与我们同在一起奋斗，向一切恶势力。

直至十七日的上午，他还续写《因太炎先生而想起的二三事》（以前有《关于太炎先生二三事》一文，似尚未发表）一文的中段（他没有料到这是最后的工作，他原稿压在桌子上，预备稍缓再执笔）。午后，他愿意出去散步，我因有些事在楼下，见他穿好了袍子下扶梯。那时外面正有些风，但他已决心外出，衣服穿好之后，是很难劝止的。不过我姑且留难他，我说："衣裳穿够了吗？"他探手摸摸，里面穿了绒线背心，说："够了。"我又说："车钱带了没有？"他理也不理就自己走去了。

回来天已不早了，随便谈谈，傍晚时建人先生也来了。精神甚好，谈至十一时，建人先生才走。

到十二时，我急急整理卧具。催促他，警告他，时候不早了。他靠在躺椅上，说："我再抽一支烟，你先睡吧。"

等他到床上来，看看钟，已经一时了。二时他曾起来小解，人还好好的。再睡下，三时半，见他坐起来，我也坐起来。细察他呼吸有些异常，似气喘初发的样子。后来继以咳呛，咳嗽困难，兼之气喘更加厉害。他告诉我："两点起来过就觉睡眠不好，做噩梦。"那时正在深夜，请医生是不方便的，而且这回气喘是第三次了，也不觉得比前两次厉害。为了减轻痛苦起见，我把自己购置在家里的"忽苏尔"气喘药拿出来看：说明书上病肺的也可以服，心脏性气喘也可以服。并且说明急病每隔一二时可连服三次，所以三点四十分，我给他服药一包。至五点四十分，服第三次药，但病态并不见减轻。

从三时半病势急变起，他就不能安寝，连斜靠着休息也不可能。终夜屈曲着身子，双手抱腿而坐。那种苦状，我看了难过极了。在精神上虽然我分担他的病苦，但在肉体上，是他独自担受一切的磨难。他的心脏跳动得很快，咚咚的声响，我在旁也听得十分清澈。那时天正在放亮，我见他拿左手按右手的脉门。脉跳得太快了，他是晓得的。

他叫我早上七点钟去托内山先生打电话请医生。我等到六点钟就匆匆地盥洗起来，六点半左右就预备去。他坐到写字桌前，要了纸笔，戴起眼镜预备写便条。我见他气喘太苦了，我要求不要写了，由我亲口托请内山先生好了，他不答应。无论什么事他都不肯马虎的。就是在最困苦的关头，他也支撑起来，仍旧执笔，但是写不成字，勉强写起来，每个字改正又改正。写至中途，我又要求不要写了，其余的由我口说好了。他听了很不高兴，放下笔，叹一口气，又拿起笔来续写，许久才凑成了那条子。那最后执笔的可珍贵的遗墨，现时由他的最好的老友留作纪念了。

清晨书店还没有开门，走到内山先生的寓所前，先生已走出来了，匆匆地托了他打电话，我就急急地回家了。

不久内山先生也亲自到来，亲手给他药吃，并且替他按摩背脊很久。他告诉内山先生说苦得很，我们听了都非常难受。

须藤医生来了，给他注射。那时双足冰冷，医生命给他热水袋暖脚，再包裹起来。两手指甲发紫色，大约是血压变态的缘故。我见医生很注意看他的手指，心想这回是很不平常而更严重了。但他仍然坐在写字桌前椅子上。

后来换到躺椅上坐。八点多钟日报（十八日）到了。他问我："报上有什么事体？"我说："没有什么，只有《译文》的广告。"我知道他要晓得更多些，我又说："你的翻译《死魂灵》登出来了，在头一篇上。《作家》和《中流》的广告还没有。"

我为什么提起《作家》和《中流》呢？这也是他的脾气。在往常，晚间撕日历时，如果有什么和他有关系的书出版时——但敌人骂他的文章，他倒不急于要看——他就爱提起："明天什么书的广告要出来了。"他怀着自己印好了一本好书出版时一样的欢情，熬至第二天早晨，等待报纸到手，就急急地披览。如果报纸到得迟些，或者报纸上没有照预定的登出广告，那么，他很失望。虚拟出种种变故，直至广告出来或刊物到手才放心。

当我告诉他《译文》广告出来了，《死魂灵》也登出了，别的也连带知道，我以为可以使他安心了。然而不！他说："报纸，把我眼镜拿来。"我把那有广告的一张报给他，他一面喘息一面细看《译文》广告，看了好久才放下。原来他是在关心别人的文字，虽然在这样的苦恼状况底下，他还记挂着别人。这，我没有了解他，我不配崇仰他。这是他最后一次和文字接触，也是他最后一次和大众接触。那一颗可爱可敬的心呀！让他埋葬在大家的心之深处吧。

在躺椅上仍旧不能靠下来，我拿一张小桌子垫起枕头给他伏着，还是在那里喘息。医生又给他注射，但病状并不减轻，后来躺到床上了。

中午吃了大半杯牛奶，一直在那里喘息不止，见了医生似乎也在诉苦。

六点钟左右看护妇来了，给他注射和吸入酸素、氧气。

七点半钟我送牛奶给他，他说："不要吃。"过了些时，他又问："是不是牛奶来了？"我说："来了。"他说："给我吃一些。"饮了小半杯就不要了。其实是吃不下去，不过他恐怕太衰弱了支持不住，所以才勉强吃的。到此刻为止，我推测他还是希望好起来。他并不希望轻易放下他的奋斗力的。

晚饭后，内山先生通知我（内山先生为他的病从早上忙至夜里，一天没有停止）："希望建人先生来。"我说："日里我问过他，要不要见见建人先生，他说不要。所以没有来。"内山先生说："还是请他来好。"后来建人先生来了。

喘息一直使他苦恼，连说话也不方便。看护和我在旁照料，给他揩汗。腿以上不时地出汗，腿以下是冰冷的。用两个热水袋温他。每隔两小时注射强心针，另外吸入氧气。

十二点那一次注射后，我怕看护熬一夜受不住，我叫她困一下，到两点钟注射时叫醒她。这时由我看护他，给他揩汗。不过汗有些黏冷，不像平常。揩他手，他就紧握我的手，而且好几次如此。陪在旁边，他就说："时候不早了，你也可以睡了。"我说："我不瞌睡。"为了使他满意，我就对面地斜靠在床脚上。好几次，他抬起头来看我，我也照样看他。有时我还陪笑地告诉他病似乎轻松些了。但他不说什么又躺下了。也许这时他有什么预感吗？他没有说。我是没有想到问。后来连揩手汗时，他紧握我的手，我也没有勇气紧握回他了。我怕刺激他难过，我装作不知道。轻轻地放松他的手，给他盖好棉被。后来回想：我不知道应不应该也紧握他的手，甚至紧紧地拥抱住他，在死神的手里把我的敬爱的人夺回来。如今是迟了！死神奏凯歌了。我那追不回的后悔呀。

从十二时至四时，中间饮过三次茶，起来解一次小手。人似乎有些烦躁，有好多次推开棉被，我们怕他受冷，连忙盖好。他过一刻又推开，看护没法子，大约告诉他心脏十分贫弱，不可乱动，他往后就不大推开了。

五时，喘息看来似乎减轻，然而看护妇不等到六时就又给他注射，心想情形必不大好。同时她叫我托人请医生，那时内山先生的店员终夜在客室守候（内山先生和他的店员，这回是全体动员，营救鲁迅先生的急病的），我匆匆嘱托他，建人先生也到楼上，看见他已头稍朝内，呼吸轻微了。连打了几针也不见好转。

他们要我呼唤他，我千呼百唤也不见他应一声。天是那么黑暗，黎明之前的乌黑呀，把他卷走了。黑暗是那么大的力量，连战斗了几十年的他也抵抗不住。医生说：过了这一夜，再过了明天，没有危险了。他就来不及等待到明天，那光明的白昼呀。而黑夜，那可诅咒的黑夜，我现在天天睁着眼睛瞪它，我将诅咒它直到我的末日来临。

十一月五日，记于先生死后的两星期又四天。

第五辑

——

关于先生的
逸闻趣事

略谈鲁迅先生的笔名

鲁迅先生是最富于同情心的，如果有谁能够真挚地引起了他的共鸣，那时他赴汤蹈火都可以。甚而至于为了同情心，换句话说，就是利用了这，特意给他许多不适合的工作，他也能够勉强地做去。不过对于《自由谈》的投稿，却是真心真意的。一九三三年七月写在《伪自由书》的《前记》，说：

> ……不久，听到了一个传闻，说《自由谈》的编辑者为了忙于事务，连他夫人的临蓐也不暇照管，送在医院里，她独自死掉了。几天之后，我偶然在《自由谈》里看见一篇文章，其中说的是每日使婴儿看看遗照，给他知道曾有这样一个孕育了他的母亲。我立刻省悟了这就是黎烈文先生的作品，拿起笔，想做一篇反对的文章……但是也没有竟做，改为给《自由谈》的投稿了，这就是这本书里的第一篇《崇实》；又因为我旧日的笔名有时不能通用，

便改题了"何家幹"，有时也用"幹"或"丁萌"。

从《前记》可知先生给《自由谈》投稿的动机了。但"又因为我旧日的笔名有时不能通用，便改题了'何家幹'，有时也用'幹'或'丁萌'"。这不能通用的原因，是一九三〇年三月国民党浙江省党部呈请通缉之后，先生一切向社会表现的机会都暗中受了压迫，不准学校请他讲演，他的书无端受邮局扣留，有的地方甚至连《呐喊》是红色封面而也禁止了，这种不可理诉的待遇，只得改题笔名，以免编者受累。用得最多的是"何家幹"三字。取这名时，无非因为姓何的最普通，"家"字排也甚多见，如家栋、家驹，若"何"字作"谁"字解，就是"谁家做"的，更有意思了。又略变为"家幹""幹""幹""何幹"等。大致仍给读者以一贯的认识。可是：

　　我的坏处，是在论时事不留面子，砭锢弊常取类型，而后者尤与时宜不合。盖写类型者，于坏处，恰如病理学上的图，假如是疮疽，则这图便是一切某疮某疽的标本，或和某甲的疮有些相像，或和某乙的疽有点相同。而见者不察，以为所画的只是他某甲的疮，无端侮辱，于是就必欲制你画者的死命了。……这回是王平陵先生告发于前，周木斋先生揭露于后，都是做着关于作者本身的文章，或则牵连而至于左翼文学者。

　　这是他第一次改姓埋名仍受到告发和压迫的经过。

　　《自由谈》的文章，当每天剪下来辑成《伪自由书》付印的时候，把每篇的笔名都删去了。所以此刻记不清确用过什么另外的名字。不过先生"一是为了朋友的交情，一则在给寂寞者以呐喊，也还是由于自己的老脾气"，仍然继续投稿。"但到五月初，竟接连地不能发表了，我想，这是因为其时讳言时事而我的文字却常不免涉及时事的缘故。"

　　随《伪自由书》之后，就在一九三三年的下半年，先生仍旧执笔，换了更多的笔名。而且除了《自由谈》之外，又在《十字街头》《文学月报》《北斗》《现代》《涛声》《论语》《申报月刊》《文学》等处投稿，这就是收在《南腔北调集》中的大部分文章。所谓更多的笔名，如阿二、华圉、佩苇、白舌、明瑟、隼、它音、楮冠、宴之敖、隋洛文、许遐等。阿二，是上海叫黄包车夫常用的。华圉，是出自《孟子》，"始舍之圉圉焉"，所谓圉圉，"注：圉圉，困而未舒之貌"，意盖困于中华也。隼，"笺：隼，急疾之鸟也，飞乃至天，喻士卒劲勇，能深攻入敌也"。旅隼，和鲁迅音相似，或者从同音蜕变。隼性急疾，则又为先生自喻之意。它音，它，《玉篇》，古文佗字，佗，蛇也"。先生肖蛇，故名。楮冠，楮，纸也，俗楮墨常相连用。《说文》：谷也，陆玑《诗疏》，江南人绩其皮以为布，又捣以为纸。"一九二六年有所谓"狂飚运动"，而狂飚社中人赐先生以"纸糊的假冠"（见《华盖集续编·所谓"思想界先驱者"鲁迅启事》），故名。"宴之敖"三字很奇特，查先生年谱，民国八年（一九一九年）载："八月买公用库八道湾成，十一月修缮之事略备，与二弟作人俱移入。"民国十二年，"八月迁居砖塔胡同六十一号，十二月买阜成门内西三条胡同二十一号屋"。可见他是把八道湾屋买来修缮好，同他的兄弟移入，后来才"迁居"了的，这是大家所周知的事实。究竟为什么"迁居"的呢？先生说："宴从宀（家），从日，从女；敖从出，从放（《说文》作敖，游也，从出从放）。我是被家里的日本女人逐出的。至于西三条的房子，是买来安慰母亲的，绍兴老房子卖去了，买了八道湾的房子，她一向是住惯自己的屋子，如果忽然租房子住，她要很不舒服。这时是齐寿山（名宗颐，教育部同事，共同翻译《小约翰》，先生被章士钊免职时，他和许寿裳先生俱主持公道，愤而辞职）和许季茀（即寿裳先生）两个人各借四百元给我的。"隋洛文不用说，是为了一九三〇年国民党浙江省党部呈请通缉"堕落文人鲁迅"而起的了。许遐这名字，是因为我的小名与"遐"字同音而取的。有时翻译上避免同一名字出现太多，就拿来借用，如《译文》第一卷第一期的《鼻子》、第二期的《饥馑》都是。

仍是一九三三年，五月二十五日，《自由谈》的编者刊出了"吁请海内文豪，从兹多谈风月"的启事以后，先生投稿所用的笔名就更有二十个之多。在《准风月谈》的《前记》里有这样的文字：

从六月起的投稿，我就用种种的笔名了，一面固然为了省事，一面也省得有人骂读者们不管文字，只看作者的署名。然而这么一来，却又使一些看文字不用视觉，专靠嗅觉的"文学家"疑神疑鬼，而他们的嗅觉又没有和全体一同进化，至于看见一个新的作家的名字，就疑心是我的化名，对我呜呜不已，有时简直连读者都被他们闹得莫名其妙了。现在就将当时所用的笔名，仍旧留在每篇之下，算是负着应负的责任。

在《准风月谈》里用游光的名字写文章的，多半是关于夜的东西，如《夜颂》《谈蝙蝠》《秋夜纪游》《文床秋梦》。丰之余是批评社会的文字居多，有时或作"封余"，是对那些说他是"封建余孽"而起的名字。他每于一篇文字写好之后，就想名字，有时用旧的，有时被"嗅"出来了，就立刻重起。孺牛，无疑地是"俯首甘为孺子牛"的缩写。谈到浙江的"堕民"，他就叫作越客。写到《双十怀古》，他就叫作史癖。桃椎，"《典术》：桃，五木之精，仙木也；《左传》昭公四年，桃弧棘矢，以除其灾。《后汉书·礼仪志》为桃印施门户以止恶气"，大约含有除敌之意。符灵，意略同。罗怃，则取"罗无心"义，乃张若谷先生《婆汉迷》说部中称之者。敬一尊，回敬一杯之意，亦即"回骂"也。但也有些笔名似乎意在通俗，以祈掩过检官之目的，如虞明、荀继、余铭、子明等。

不过仍不免于压迫，从文章和这些笔名上就表示出他的反抗性了。尤刚、苇索、白在宣等，似乎都是。终于弄到"停笔"为止，所以《后记》里说：

> 这六十多篇杂文，是受了压迫之后，从去年六月起，另用各种的笔名，障住了编辑先生和检查老爷的眼睛，陆续在《自由谈》上发表的。不久就又蒙一些很有"灵感"的"文学家"吹嘘，有无法隐瞒之势，虽然他们的根据嗅觉的判断，有时也并不和事实相符。但不善于改悔的人，究竟也躲闪不到哪里去，于是不及半年，就得着更厉害的压迫了，敷衍到十一月初，只好停笔，证明了我的笔墨，实在敌不过那些带着假面，从指挥刀下挺身而出的英雄。

当时除了压迫作者以外，对于：

> ……编辑者黎烈文先生真被挤轧得苦，到第二年，终于被挤出了，我本也可以就此搁笔，但为了赌气，却还是改些作法，换些笔名，托人抄写了去投稿，新任者不能细辨，依然常常登了出来。一面又扩大了范围，给《中华日报》的副刊《动向》、小品文半月刊《太白》之类，也间或写几篇同样的文字。聚起一九三四年所写的这些东西来，就是这一本《花边文学》。

继黎烈文先生而编《自由谈》的是张梓生先生，听说《申报》自从黎先生编《自由谈》之后，销路突加，同时读者的

"嗅觉"也很高的。《申报》到手，先看副刊；副刊打开，先找"花边"。这时先生的笔名更多，而读者也无须细查了，他们会尝文章的味道，好似易牙调味，而较宽容，所以宁滥勿缺，稍微像先生笔调的，就先剪下藏好，慢慢揣摩。甚至连别人的文章也当是他的也会有。但是不要紧，数人相遇，竞先报告，所以当时买旧东西货担上的《申报》几乎十有八九是剪过的。这情形，恰好为办报者所满意，他们志在推销顺利，买者欢迎，于是张梓生先生屡屡来索稿，且特许随便改名字，只要有文章。这一来论敌无可奈何了，他们还想不到这位老头子原来是先生的故交，以为一定不会把先生拉来的呢。文化的力量，有时会被人讨厌排斥，用尽千方百计压迫，但结果仍然归于无效。

《花边文学》的笔名，和以前的稍稍不同。如张禄如变为张承禄，越客有时用作越侨，旅隼变为翁隼，白在宣易为白道，家干变为公汗，史癖改作史贲，而赵令仪、黄凯音、张沛之名，盖取其通俗，以掩耳目。常庚则为先生幼小时，第一个师父所取的法号长庚之衍变。康伯度则因先生写了《倒提》一篇文字之后，被林默先生在《大晚报·火炬》上，发表一篇《论〈花边文学〉》，暗暗骂他为"买办"，因而想出的名字。还有，隋洛文有时简称洛文，又同音变为乐雯。这乐雯名字，有时也借给别人共用，如《萧伯纳在上海》，是一九三三年二月间萧来上海的时候，正是瞿秋白避难到我们家里住。先生见过萧回来，谈起经过，说到各方对萧的形形色色，以为有辑集起来，给人一面镜子似的对照一下的必要。而且要赶快编校出版，否则中国人脾气，三两天过时了，会没有人过问的。——后来这书的销路似乎不大好。——首先是找材料，我也兴奋地担任下来了，跑了几次书摊，收集几天内的中外报纸和杂志之类一大堆。编排、格式、封面之类，自然先生也出些意见；而实际的工作如剪贴、翻译等，则多是瞿先生偏劳。他很有才气，办事敏捷，真有文学天才，可惜时常生病。但只要每天用一时半点的工夫，就立刻脱稿一篇。很迅速地，不过一个月之间书就出来了。既然大部分的精力是瞿先生花的，自应作为他出的书，可是他那时所有译作也多用别名，因此这本书就用乐雯的名字和读者相见。

此外的笔名，或者还有许多可资研究的。我们要了解某一时代的思潮，某一时代的文学背景，和产生这文学的关系，研究这特殊的，作者幻化许多名字，冀图表达其意见的苦衷，对于将来从事文学的人们，或者不无裨益吧。可惜此刻只记得这个大略。据杨霁云先生看来，"丁萌"大约是"天明"之意。邓当世，江、浙一带口音，第一字读作动词，亦很近理。实在他每一个笔名，都经过细细的时间在想。每每在写完短评之后，靠在藤躺椅休息的时候，就在那里考量。想妥了，自己觉得有点满意，就会对就近的人谈一下，普通一些，写出也就算了。杨霁云先生于二十六年四月九日惠函指教，关于先生的笔名有很好的见解，原函云：

　　豫才先生所取笔名，皆有"深意"。"笔名表"中似应每个注出，否则将来的读者益当不易明了。大概他早年的笔名，含希望、鼓励、奋飞等意义；晚年则含深刻的讽刺意义为多。如早年唐俟之为"空待"义。晚年隋洛文之为"堕落文人"义，丰之余之为"封建余孽"义，上二者乃浙江省党部所赐之谥。罗怃则取"罗无心"义，乃张若谷在《婆汉迷》说部中称豫才者。大部笔名的用义，我想先生大概总知道，不如点明以惠读者以存史料。

很惭愧地，我未能达到杨先生所责望的厚意，只能说到上面的一个大概。另外还有一个笔名，为杨先生所知道而未发表过的，还是这一天的通信里云：

　　豫才先生尚有一笔名为董季荷，署用于《倒提》一篇文章上——此篇即《花边文学》所因之取名的一篇，原稿现藏我处。盖当时我拟编一刊物而豫才寄来者，当时因先生适患小恙，时文章又需检查，无人抄录，他托我代抄的。后因刊物计划取消，我即归还，而再用公汗的笔名刊于《自由谈》上。当时如发表在我编的刊物中，则不会有《花边文学》一番的事情了。此一笔名的用意，我猜想是因彼时检查处威严赫赫，他特用一风月式的笔名以掩人耳目也。

　　杨先生这一段通信很重要，从《倒提》登载在《自由谈》之后，而引起林默先生的大文，因此有康伯度名字的产生，而且又产生了一个似乎是兄弟的名字仲度，而且这一年的短评集的很好的书名《花边文学》也产生了。谥之为"花边文学"，反而使这一本书的内容丰富了，也许是执笔者所梦想不及的吧。这缘故就因为骂他的"扑空"了，使先生也不免"悲愤"，就引他《准风月谈·后记》的话作结吧：

　　……因此更使我要保存我的杂感，而且它也因此更能够生存，虽然又因此更招人憎恶，但又在围剿中更加生长起来了。呜呼，"世无英雄，遂使竖子成名"，这是为我自己和中国的文坛，都应该悲愤的。

　　末了，还要说明一句，先生最后用的笔名，载在《中流》上的是"晓角"二字，他最后还不忘唤醒国人，希望我们大家永远记取这一位文坛战士的热望。

民元前的鲁迅先生

鲁迅先生是健谈的，凡是时常和他见面的朋友多知道。在授课或讲演的时候，他能够出神入化地讲，引得人们哄笑，而他自己却并不笑。但是在和私人谈话，他就会带讲带笑，说到高兴时，还会有响震屋宇的咯咯的轩朗笑声，似乎把一切的沉闷都驱逐去了。同时也会在这情境之下展示他生命的一页。

在东京求学时代，不但留学生多，因为地理的便捷、经济的减省，比较地更是政治运动者的大本营，而先生也适逢其会，在那一时、地，和许多人接触。

浙江革命领袖陶焕卿先生，因为同乡的关系，时常来往，对于革命的举动，因着自然的耳濡目染，虽则知道得很清楚，似乎还没有肯参加过实际行动，他总说："革命的领袖者，是要有特别的本领的，我却做不到。"有一回，看见某君泰然自若地和朋友谈天说地，而当时当地就有他的部下在实际行动着丢炸弹，做革命暗杀事情。当震耳的响声传到的时候，先生想到那实际工作者的可能惨死的境遇，想到那一幕活剧的可怖，就焦烦不堪。的确是这样脾气的，他对于相识的人，怕见他的冒险。（见《两地书》）而回顾某君，却神色不变，好似和他绝不生关系的一般，使先生惊佩不置。所以他又说："革命者叫你去做，你只得遵命，不许问的。我却要问，要估量这事的价值，所以我不能够做革命者。"在《两地书》中，先生也曾说过："凡做领导的人，一须勇猛，而我看事情太仔细，一仔细，即多疑虑，不易勇往直前；二须不惜用牺牲，而我最不愿使别人做牺牲（这其实还是革命以前的种种事情的刺激的结果），也就不能有大局面。"这就是说明他之所以终生是一个思想领导者而不是实际行动者了。

秋瑾女士，是同时的留学生，又是同乡，所以也时常来访。她的脾气是豪直的，来到也许会当面给人过不去，大家对于她来都有点惴惴欲遁，但是假使赶快款待餐饭，也会风平浪静地化险为夷。那时女留学生实在少，所以每有聚会，一定请她登台说话，一定拼命拍手。不幸遇害了，先生说："秋瑾是被人拍手拍死的，其实她并没有做什么。"这情形是可能的。也许先生因为痛惜她的死，因而更容易推论到她死的可惜了。

章太炎先生，国学非常之精醇，而又是一位百折不挠的革命家，先生的向他求学，不是志在学问，而是向往他的人格。在《关于太炎先生二三事》里就明白地承认："前去听讲也在这时候，但又并非因为他是学者，却为了他是有学问的革命家，所以直到现在，先生的音容笑貌，还在目前，而所讲的

《说文解字》，却一句也不记得了。"章先生的革命勋业，是人所共知的，而他的"七被追捕，三入牢狱，而革命之志，终不屈挠"，却是先生的"楷模"，终于先生也以"韧的战斗"见称于世，是真正能够得求学的真髓的。章先生对待学生，不是授课的时候，好似家人老友一般和蔼相向，这种精神，先生也得其神似，所以终他的一生，对青年的态度纯恳，是有所本的。

凡是跟章先生研究《说文解字》或研究他的著作的，都知道他好用古体字。因之在鲁迅先生译《域外小说集》的时候，也不知不觉地采用了。但据鲁迅先生说，章先生本来不过偶然写几个古字，可是有一位最年青而又聪明的钱玄同先生，却时常会拿着书走向章先生眼前，指出还有哪几个字应该照古体的样子写，于是章先生点头称是，照改了。越改越甚，这就弄成后来的一些文章上所见到的特别现象。

鲁迅先生对于章先生是很尊崇的，每逢提起，总严肃地称他"太炎先生"。当章先生反对袁世凯称帝的野心时，曾经被逮绝食，大家没法子敢去相劝，还是推先生亲自到监狱婉转陈词才进食的。后来章先生晚年行动，稍稍使人失望，先生却能原情度理，给予公允的批评。读到他纪念章先生的文章，即令人起无限景仰，给予真正的估价。

一九一〇年，先生担任绍兴中学堂的教员兼监学，那时他不过刚刚三十岁，正年富力强的时候。办事认真，学生们都畏惧他，胡愈之、孙伏园、宋紫佩等先生都是该校的俊秀超卓者，而又是社会上知名之士。内中宋先生，比较沉着，他本来在求学时最先也是学生中反对先生者之一，大约因为做监学的严峻，引起一部分人的不满吧。不知怎么一来，到后来倒是先生最知己的亲切朋友，而且加入南社也是宋先生介绍的。不过对于南社的作风，先生似乎不赞同，所以始终是一个挂名的社员，没有什么表现，甚至连许多社友也不大知道他是同志之一。

宋先生在短短的不满意之后，对先生十分了解，后来一同在北平就事，以同乡而又学生的关系，过从甚于亲属，许多事情，先生都得他帮忙。一直到现在，他的母亲，还时常得到宋先生的照拂。所以先生时常说："我觉得先同我闹过，后来再认识的朋友，是一直好下去；而先是要好，一闹之后，是不大会再好起来的。"这几句话，拿来考察先生和朋友之际的关系，似颇的确。

一九一一年，就在辛亥革命的时候，绍兴也光复了。那时的都督是叫黄某某①的，是一位中国的罗宾汉而革命成功者。关于这位先生，有许多可歌可泣的举动，且不去说他，和先生也是朋友，正好先生在任绍兴师范学校校长，那时的都督不少是操军政大权，无所不管的，当然学校用款也只得向黄都督面请了。总算不错，时常特别给予通融。不过去见都督的时候，你的帽子、外衣却不能挂起再去的，小罗宾汉很多，他们会很亲切地把哥哥们的朋友也看待和哥哥一样，通融起来，是毫不

---

① 辛亥革命后，绍兴的都督是王金发。

为奇的。渐渐外间对都督颇有微词，甚至先生主持的学校的学生们办的刊物，也居然略有对都督不敬的文章。据传说引起都督大大不痛快，几乎要拿办先生，理由是拿他的钱来办学校而攻击他，怎么可以呢？在有一次先生照例去领款的时候，都督说："怎么又来拿钱？人家都把钱送到我这里来，你反而要拿去，好，再给你一些，下次没有了。""没有钱怎好办学校呢？我也不会变出钱来，更不会送去。"先生笑了笑，结束了这经过说，"我赶快办交代，一切账目都算清，结余一角五分钱，一同连学校交出了。"

他的得任校长，是当局对前任校长不满意，要他来继任之后，可以从办交代中，找出前校长的错处，做一个堂堂的处理的。哪晓得在先生就职之后，不但不查账，而且连照例的账房先生也不换。在捏着一把汗接待新校长的账房先生，听到叫他留任时，总不相信自己的耳朵是否听错。等到明白了是的确的时候，也却叹为奇遇，逢人便说。

辛亥革命的时候，先生承认没有做过什么工作，只是高兴得很。在绍兴尚未光复之顷，人心浮动，先生曾经召集了全校学生们，整队出发，在市面上游行了一通来镇静人心，结果大家当作革命军已经来了，成为唾手可得的绍兴光复。每逢谈起，先生总带着不少的兴趣描述当时情景，就好像刚刚出发回来的那么新鲜、感动。

鲁迅和青年们

一　我的升学

让我站在作为一个青年的立场——从这一角度，来观测鲁迅先生，是这样的：

"五四"潮流的声波，从北平延展开去，青年的思想一变，求知欲刺激每一个弱小的灵魂。那时的我，虽则初级师范已经毕业，且已担任了教职，而仍多方设法达到升学的野心。可是经济条件不容许我进那较近理想的学校，在几度考量之下，我投入了女高师。

校长是许寿裳先生，和北大校长蔡元培先生是同乡而又是知交，这给了我校以许多便利。北大每有学术讲演，总时常容许我校同学参加听讲。记得那时正宣传着爱因斯坦来华讲演相对论，自己虽则不是理科生，但觉得多听些总有好处，也就常常跑去听讲。这兄妹一样的学校，虽然小妹妹比起大哥哥来，实在太过弱小了，然而文科的教师，因许校长热心的计划，我那班里，几乎全是北大的教授和讲师。校舍虽不同，所受的教课、讲义却是一样的。尤其马裕藻、周树人、周作人、沈尹默、沈兼士、沈士远诸先生，都是为学生们所景仰不置的。我初到北平时，即听见朋友说：北平文化界之权威，为"三沈二周二马"。女师大竟有那么多名教授，这是使同学们非常欣慰的事。

二　许多导师

那时是一九二三年，开学之始，"三沈"之中，唯士远先生未来授课，但之后也终于来了。"二周"——鲁迅、岂明两先生，则是一开学即给我们以不少教益。有一位马先生，因为并非研究文学，自然无从领教。而幼渔（马裕藻）先生，不但于授课之际，"诲人不倦"，且于课余，纵论一切，亲切、诚恳、坦率，真不似严师，转令人有如面慈父之感。

三　岂明先生

岂明先生担任近体文，每星期二小时，真不愧恂恂儒者。他那慈祥恺悌的容貌、温和博赅的教诲，令人如处暮春天气，和煦中感到微微沉醉。但沉醉也叫人顽皮，有的偷偷离开讲堂了；有的狂放地尽管自己写字、编织绒衣——受高等专门学问，自觉的求学青年，还需要教师训斥吗？学问渊博涵养素优的先生，也从不肯稍变他的态度的，就是只剩一个人，他也绝无"不屑教诲"之意。且还有不少学生，理解他的勤恳，每次下课有多少人包围着他：请教疑问，请求修改习作小说、杂文和新诗——问这问那的，时常挨到另一位先生来上课。其间，主任先生虽然打算把这一门功课停掉，大半同学仿佛也无可无不可，然而求知的欲望，驱迫了另一些青年，不肯轻轻放过。终于岂明先生也一样教着课，直到我们毕业，始终是我们所崇敬的师长之一。

四　鲁迅先生

当鲁迅先生来上课的瞬间，人们震于他的声名，每个学生都怀着研究这新先生的一种好奇心。在钟声还没收住余音，同学照往常积习还没就案坐定之际，突然，一个黑影子投进教室来了。首先惹人注意的便是他那大约有两寸长的头发，粗而且硬，笔挺地竖立着，真当得"怒发冲冠"的一个"冲"字。一向以为这句话有点夸大，看到了这，也就恍然大悟了。褪色的暗绿夹袍，褪色的黑马褂，差不多打成一片。手腕上衣身上的许多补丁，则炫着异样的新鲜色彩，好似特制的花纹。皮鞋的四周也满是补丁。人又鹘落，常从讲坛跳上跳下，因此两膝盖的大补丁，也掩盖不住了。一句话说完：一团的黑。那补丁呢，就是黑夜的星星，特别熠耀人眼。小姐们哗笑了！"怪物，有似出丧时那乞丐的头儿。"也许有人这么想。讲授功课，在迅速地进行。当那笑声还没有停止的一刹那，人们不知为什么全都肃然了。没有一个人逃课，也没有一个人在听讲之外拿出什么东西来偷偷做。钟声刚止，还来不及包围着请教，人不见了，那真是"神龙见首不见尾"。许久许久，同学醒过来了，那是初春的和风，新从冰冷的世间吹拂着人们，阴森森中感到一丝丝暖气。不约而同地，大家吐一口气回转过来了。一致爱护的鲁迅先生，在学生中找不出一句恶评。也曾经有过一次辞职的事，大家一个也不缺地挤到教务处，包围他，使得他团团地转，满都是人的城墙、肉身做的堡垒。这城堡不是预备做来攻击他，正相反，是卫护他的铁壁铜墙。接受了这一批青年热诚的先生，终于重又执掌教务。

五   力的浸透

一天天的熏陶熔冶，可亲可敬地灌溉着每一株小草，许多青年想尽千方百计去接近他，希望从他那里多少得点杨枝雨露。他不自私！正义感蕴蓄在他的心中；扶助被压迫者，揭发并剥露那些卑鄙的虫豸，正是他的任务。这一种信念的力浸透在每一个接近过他的青年的纯朴的胸怀，而我也是其中的一个。

六   和我们站在一条战线里

环境的黑暗，教育界一部分人的卑污，使得青年们终日遑遑，四处寻找出路，如黑暗茫茫的大海中寻求灯塔一般。这终于使我冒昧地向先生通信请教了（参看《两地书》第一集）。积极地正面着人生，希望将来比现在好一点，韧的战斗，随时用质直的方法对付，凡这一切教诲，不但我一个人用得着，也是所有青年的金玉良言吧。

遏阻民族觉醒，借外力压迫，假手于正人君子和章士钊们而给青年学子以暴力的镇压，这"黑暗的闸门"，先生独力肩住着。而又一面以文字教育那时的青年，指点应走的路；一面自己加入青年群里，集合群力开会反抗，直至黑暗的血手，制造"三一八"的大屠杀，先生于是愤劳成疾、眠食俱废了。

七　革命的爱在大众

先生病时，据他的同乡说：他房里有两把刀，一把就放在床褥下面。他很孝顺他的母亲，如果他的母亲不在，在这可悲愤的环境里，他可能会自杀。但这毕竟是一种传说，在这一时期里，先生还是积极地奋斗着，他一面当好几个学校的教师，一面在教育部当佥事。如果真是老于世故的人，那时候是早已默默无声了，但先生却公正无私地给予教育当局很多批评，这博得了许多青年的信任，来请教他的，自然多起来了。虽则往常不喜出入教师之门的我，这时也因为校务时常到他家里请教。但每次去时，总见他在寓所里仍然极其忙碌。或者给青年看稿子，或者编副刊、校对书籍，他没有一刻让自己好好休息过。有时，我也从旁学习一二，替他校对什么，或者代抄点《坟》之类的材料。可是他总是不大肯叫人替他做事，一切大小琐碎，都愿意自己动手。就是他嗜好的茶，也不劳人代泡。房间预备好一只痰盂，经常容纳他杯子里的茶滓。他把茶滓倾倒在这里之后，就在书架罐子里取些茶叶，自己再到厨房去倒开水。寂寞的家，孤独凄凉的他，未能禁制心头炽热的烈火，"革命的爱在大众"，我看到先生全心力是寄托在大众身上了。自奉的俭省，衣着食用的简朴，接待客人的坦直，都可看出先生人格的一面。在北平时几乎整天有客人来拜访他。人们总是为了接近他得些正确的指引而来的。而每一个到过他寓所的青年总也觉得欣幸而满足。一次得到指引以后总希望再有同样的幸运，再见一次这样的一位慈蔼博学的指引导师！

八 消极？

在我呢，看他那寂寞如古寺僧人的生活，听他那看透一切黑暗面但以"希望"安慰后生的议论，总处处在诱发我关于他那同乡所说的悲观自杀的话，在某一天，我顽皮地搜索书架和床褥，果然发现两把刀。或者正确地说：是两把匕首。我实行"缴械"了，先生笑了笑也就完事。他是不肯拿青年做敌人的。在许久的另一机会里，他对我解释说："刀是防外来不测的，哪里是要自杀。"我把他的同乡的话反问他，先生大笑起来，说："你真是个傻孩子！"

九　积极！

不过事实的压迫（参看《华盖集》等），章士钊们的代表黑暗的反动势力，正人君子的卑劣诬陷，真使先生痛愤成疾了。不眠不食之外，长时期在纵酒。经医生诊看之后，也开不出好药方，要他先禁烟、禁酒。但细察先生，似乎禁酒还可，禁烟则万万做不到。那时有一位住在他家里的同乡，和我商量一同去劝他，用了整一夜反复申辩的功夫，总算意思转过来了，答应照医生的话，好好地把病医好。而且对朋友也的确有这表示：在一九二六年六月十七日，给李秉中先生的信就这样说："酒也想喝的，可是不能。因为我近来忽然还想活下去了。为什么呢？说起来或者有些可笑。一，是世上还有几个人希望我活下去。二，是自己还要发点议论，印点关于文学的书。"这就是先生那时真实的心境。

一〇　团体和自我

先生确是时常在各种刊物上发议论的。他除了为《语丝》撰文之外，并编辑《国民新报》副刊及《莽原》杂志。《语丝》是几位文学负有声名的先生所创办的，先生在那里以泼辣的姿态，领导着一大批青年，走向与恶势力战斗的路上去。先生曾写了一篇《我和语丝的始终》，已说明了一个大概，这里无须细说。《国民新报》是代表国民党方面一部分人的意见。那时北方对于国民党是很压迫的。先生认为应予合作，就和几位朋友一同负起编副刊的职务了。那《莽原》杂志呢，本来是《莽原》周刊，为了几位爱好文学的青年的文章不能在副刊尽量发表，所以另外成立一个周刊，也附在《京报》上。其后有几位青年愿意负责独立出版，先生就帮助他们，出点翻译和创作之类的书，名曰未名社。在这一时期，先生因为实行推动文化的工作，和许多青年有交往，有时因为青年的经济窘迫，先生也常常借口是应付稿费由自己拿出钱来，解决他们一些生活。但先生自己并非充裕的。我们知道他，当一九一九年买了北平公用库八道湾的屋之后，到一九二三年就迁出了。为了安慰母亲，也曾向许寿裳、齐宗颐两位先生各借四百元，买下了阜成门内西三条胡同二十一号屋。一九二五年，我们到先生寓所访谒时，他的客厅里只有一张桌子，客人来了，才临时由女仆从卧室里搬两三张凳来。直至一九二六年离北平向厦门之际，始从厦门大学的薪水中陆续筹还那买屋的借款。

一一　不因一人做了贼就疑心一切人

以一个热情认真的人，每易在虚伪、奸诈百出的现实里碰壁。这真费了先生无数不必要费的力气。先生病了，这犹如兵士在战斗中遇着毒气弹，是猝不及防的。不过先生一面战斗，一面还给北新、未名社计划着出书，一面编副刊，给青年看文稿，并不像消极。就我所见的，就有一位作家①把他的小说请先生编订，出书之后，销路很好，他立刻成了一位有名作家。于是商人投机心理，向他劝进，不久又把落选的集成一本问世。先生看见了这，摇头叹气说："我的选择很费不少心血，把每一种的代表作都选了，其余那些，实在不能算很成功，应该再修养，不怕删削才会有成就呢！"其实在先生自己，正如告诉人们写作方法中所说的，也是不惜尽量删掉那不大要紧的东西的。其后这一位作家，还出了不少的书。有时也请先生看稿，但是先生总给他搁起来，似乎不敢做第二次的删削了。我记得还有一位作家②，先生辛辛苦苦给他选定作品，校字成书之后，那位青年向人说："他把我好的都选掉了，却留下坏的。"以后这位青年有没有把先生选掉的那好的作品出成书，有没有从选掉而出的书获得了更大的声名，我可不大清楚了。还有一位青年③，先生也替他选定了一本创作，且逐一地校正了用字。在大热天，从碑帖里找出图案来做封面，由自己亲手摹写以至成书。先生一直爱护着他，看重他，且给他介绍稿子和职业，就是在编良友公司出版的那《中国新文学大系》小说部中也极力夸奖他。而他呢，据说因为先生斥骂了某一位青年④，也就

---

① 指许钦文。鲁迅曾为他编小说集《故乡》，并作为鲁迅主编的《乌合丛书》的一种，北新书局 1925 年出版。

② 指高虹。鲁迅曾为他编订创作集《心的探险》，并作为鲁迅主编的《乌合丛书》的一种，北新书局 1926 年出版。

③ 指向培良。鲁迅曾为他选编小说集《飘渺的梦》，并作为《乌合丛书》的一种，北新书局 1926 年出版。

④ 指高长虹。

像得罪了一切青年似的，使他不满，竟从此和先生绝交了。像这样莫名其妙、去如飘风式的绝交，先生也是无可奈何，只好由他去吧！谁知积之日久，"鲁迅爱发脾气"啰，"鲁迅是青年的绊脚石"啰，真像聚蚊成雷，将一切的恶声，都袭向先生而来了。平心而论，先生有分明的是非，一面固爱才若渴，一面也疾恶如仇。在一般人总以常情揆度事理，然先生之所以为先生，岂常情所能概论？先生对于青年，尽有半途分手，或为敌人，或加构陷，但也有始终不二者。而先生有似长江大河，或留或逝，无所容于中，仍以至诚至正之忱，继续接待着一切新来者。或有劝其稍节精力，"不亦可以已乎？"而先生的答复是："我不能因为一个人做了贼，就疑心一切的人。"这是多么坦直的态度。人家总批评他多疑，据我观察所得，由他无故和人闹的总不大有，多是根据许多事实，没有法子容忍，才表示些决绝的态度。他这种不肯随便疑人的心，这从他有感于人家矮墙上所插的碎玻璃的议论中，可见一斑。他说："这就好比把一切过路人都当强盗看待了，是很不好的。"

一二　青年的吸铁石来了

一九二六年八月，先生往厦门大学任教职。如果不是和段、章之流大斗，致列于几十位被捕者之林，和另外的原因，大约未必会离开北平的。北平已经住了十五年了，可以静下来研究学问，有好图书馆，这是先生时常所怀念的。政治的压迫，个人生活的出发，驱使着他。尤其是没有半年可以支持的生活费，一旦遇到打击，那是很危险的。我们约好：希望在比较清明的情境之下，分头苦干两年，一方面为人，一方面自己也稍可支持，不至于饿着肚皮战斗，减低了锐气。然而厦门大学的实际，并不如先生去时所想象。一般连伙食也时常需要自己动手，在特别优待的借口下，几乎处处被人作弄。对学校设施，先生又深深感到难有所作为。幸而他好像是青年的吸铁石，自他到后，厦门大学研究文艺之风盛行起来了，冷清清的大房间里时常有学生的足迹不断来往。就在他离校之际，还引起青年的觉悟，改革学校运动于是发生。虽则不久平息，但是跟着他同往广州的青年，也不在少数。其间有一位姓谢的，是湖南人，以前且曾做过教员，人很活跃，文学造诣也相当地深。他到广东不久，就离去了，似乎是回到他的故乡去的，但去后信息杳然，他好像是个做社会运动的人物，先生几乎时常记念着他，且疑心他已被黑暗卷去。这真像一个谜。如今，却须我为他祝福了。如果他还在人间，那么，总应该和我们一同肩起这大时代的艰难的工作吧！另有一位厦大来的。那就是人们曾经谈起过的那位"义子"。从厦门到广州，一直追随在先生左右，在旁人看来，怕没有不当他是先生的忠实信徒的。他很能体谅先生的忙碌。除因事或领取学费等来到先生跟前稍坐一刻，其余总是不大向先生吵扰。他真是那么一个洁身自好的青年呢。

一三　故事的开始

记得我们旅居于上海后不久，一天，大雨连天，由旅馆茶役送来了一封信。正是那位学生的，他通知他已经到沪，人地生疏，急待照料，先生立刻和他的三弟冒着大雨上旅馆去。那是一家用堂皇名字招徕旅客而又颇不名副其实的旅馆。从船上移至旅馆仅有一些简单行李，可是那旅馆除开了一笔行李费之外，又横七竖八地不知开些什么账目，半天工夫要花二十余元的开销。那学生的经济本不宽裕，先生早已晓得。如果在这种类似敲竹杠的地方多停留下来，这一切费用义不容辞将要由先生张罗。为人也是为己，先生就急忙忙把他们接到景云里的寓所来了。

一四　故事的演进

开了门，先生带来了三位远客，其一是从厦门跟到广东，此刻到上海来的学生；另外还有一男一女，很年轻，都像不满二十岁，据说是兄妹。起先似乎听说那兄妹俩家里很有钱，打算来沪读书。后来又听说那妹妹是那青年的爱人，为逃避家里的父母主婚，跟他一同出走。那妹妹的胞兄呢，则看透家里重男轻女的风习，如果女儿单独出走，怕会置之不理，但儿子也一同出走，就一定要设法追寻了。所以兄妹一同出来。这计划很周到，可惜的是一天天过去，没听见家里的表示，反而把先生当作家长了，供给膳宿，津贴零用，一切由先生负担。先生住在楼上，楼下就让给他们住。每逢步下扶梯，则书声琅琅，不绝于耳。但稍一走远，则又戛然中止。久而久之，先生才悟到这书声是读给他听的，后来就怕敢出入了。继之他们又要求读书，要先生供给三个人的学费。先生说："我赋闲在家，给书店做点杂务，哪能有这大力量呢？"这是实在情形。先生离京时就欠上一身的债，好容易把厦门大学的薪水给偿还。从厦门到广州又带了一批学生，旅费之类，也借用不少。在广州做了不到半年的工，就又失业了。原先我们预备做两年工的计划，既限于事实所迫，只得中途放弃。及至沪上，一切生活，俱未入于轨道，平添三个人的生活，已非先生力所能支了，哪还说得到供给学费。后来那学生把他的文章送来，请先生介绍发表。但文章太过幼稚，实在不能送出去，没能满足他的心愿。又请托找事，但有什么事情好设法呢？先生也是失业住在家里，又不认识达官阔人、富商大贾，平时来往的，都没有这力量。就是认识三两家书店，偶然介绍点稿子，也往往要自己也有稿子陪去，才能成功，说不到找事情了。于万不得已的情形下，先生跟某书店说定，让他去做个练习生，再由先生每月拿出三十元，托书店转一转手给他，算是薪水。先生满以为如此则对书店也不为难，对这青年也可以得一学习机会。总以为这一份苦心，他是能够接受的，谁知通知他以后，他竟说："我不去。"是嫌薪水少，还是嫌工作低微呢？我们不晓得。但他怕还不知道这是特别设法，才能如此通融办理，在上海是学徒三年义务期满出师，也不过数元一月呢。

一五　送往迎来

　　那时创造社诸君子正在"围剿"先生，先生也正在应战。一天，那学生突然来对先生说："他们因为我住在你这里，连把我都看不起了。"这叫先生怎么办法，他们能够不住在这里，能够有法子生活，先生又何必苦苦地挽留呢？真个是"实逼处此"。

　　后来那女孩子的哥哥要回乡了，理由是家里既不寄款来，且回去筹措，坚定地非走不可。但要走，先须有旅费，这责任又落在先生身上了。可是那位"哥哥"走不多时，又有远客来了，这回是那学生的哥哥。出身是木匠，来找事做。先生纵使交游广阔，接待这一类远客，怕还是初次。这如何动手？但既来了，第一是食住总得给他安排。楼下已经住了那学生和他的爱人，没法再搭床位，只好为他另在附近租间房子。饭食呢，自然不再为他另开"火仓"，顺便在家里腾出一份，托他送去。这总该可以了的吧，可是结果还是不成。拿饭篮不体面！仿佛还须先生亲自送去似的，没有法子，又要托人代劳了。这样烦琐的人事纠缠，使得先生困恼万分。好容易托建人先生辗转请托，总算给那木匠哥哥找到了事，以为总可以吐一口气，解决了吧，结果又不成，不欢喜去。那么再住下去。住下去，厌倦了，木匠哥哥要回乡了，再由先生来筹旅费。

一六　原来是"儿子"

这回剩下学生和他的爱人了，已经来了好几个月，他的爱人已能和别人稍微谈几句普通话，才从她的口中得知：那青年学生原来是来给先生做"儿子"的，她呢，不消说是媳妇了。他们满以为来享福，哪里知道会这样。而先生竟一点也不晓得这个中原委，没好好地招待这现成的家族，弄得"怨气腾腾""烦言啧啧"，从这看来，先生真也太不会做人了。

在看透了对先生已无可希望，不能享福之后，"儿子"告辞要回去了。一天晚上，他来同先生磋商：要两个人回去的旅费。先生想：这里到汕头，转到 × 县，至多一百元就足够了吧，然而不成。他说："我们是卖了田地出来的，现在回去，要生活，还得买田地，你得给我 ×× 元。"这个数目，先生实在做不到的，还是忍住气和他磋商吧："我没有这许多钱，而且，你想想看，我负了债筹钱给你买田地，这可说得过去？"他可也回答得干脆："错是不错，不过你总比我好想法，筹借的地方也比我多，你一定得给我筹 ×× 款子才可以。"说来说去，他还坚持这数目，自然咯，他是来做儿子的，儿子同老子要钱，律以"为儿孙做牛马"的义务，先生是无论如何不应拒却的。可惜先生不知道这就是儿子！而且先生实际的困迫他哪能了解？老实说，自他们来后，起居服用，再加以送往迎来，整批整批的路费筹措，已经觉得非常吃力了。但先生从来脾气是有苦自家知，一声不响的，而人们却以为他已成富翁，如果这虚名也可以卖钱，或者先生会是富翁吧，然而卖虚名的就不是先生，所以到头来往往弄成不谅解，不欢而散。那"儿子"终于也不满所欲气匆匆地走了。几年以后，"儿子"突然从广州来了封信。大意说："原来你还没有倒掉，那么，再来帮助我吧。"这使我们猛然地想到，当初他的回去，怕为的是避免被牵连了倒掉吧。

谁说先生老于"世故"，我只觉得他是"其愚不可及"。世界上竟有这样的呆子吗？可是这呆气，先生却十分珍贵着。他总是说："我不能因为一个人做了贼，就疑心一切的人！"

一七　另一个学生

从厦门来的另一个学生——我就在这里称他是 A[①] 吧——来见先生了。他说："上海学校没有好的，打算自己研究，读点书，不在乎文凭，愿意在先生旁边住，家里也可以放心，否则我父亲不会允许的。"于是就住在附近了。另外陆续来了他的朋友——柔石——和又一位也是厦门来的学生——我就称他为 B[②]，他们三个人住一幢房子，早晚搭饭同吃。时常见面，谈起文化界的寂寞、出版界的欠充实，A 就提议大家来出点书，他说，他哥哥开教育用品之类的店，可以赊点纸，或者还可向拍卖行买些便宜货，用不着大本钱。而且他哥哥的店，也可以代卖书籍，

———————————

① 指王方仁。曾与鲁迅、柔石等成立朝花社。
② 指崔真吾。曾与鲁迅、柔石等成立朝花社。

省得另开门面，有批发的，他也可以代收账，很靠得住。大家同意了，用朝花社名义出了种周刊，印些近代木刻画选，也出些近代小说集，颇有点基础了。选木刻、制图、选材料等，离不了先生的苦心经营。而跑腿往来于印刷局等苦差使，则往往落到柔石身上。资本是 A、B、柔石、先生四人出的，但因经费不足（每人数百元），又不便叫学生们多负担，于是把我也算作一股。其中最失败的是《近代木刻选集》之类的木刻印本。纸张是 A 经手的，从他哥哥的店里或拍卖而来，各种纸都有，很多是粗糙的，不宜于印图。而且油墨也恶劣，往往把细的线条遮抹掉，有时墨太浓，反映出闪光，很不好看，然而还有读者。书和刊物，渐渐被人注意了，那时的 A 似乎别有所忙，时常往来于上海、宁波之间，有时急待他接洽什么，总老等他不来，责任几乎全落到柔石一个人身上。他很愿尽力，无奈那位 A 的哥哥店里的关系，柔石去接洽总弄不恰当，结果诸多棘手。卖出去的书，据说一个钱也收不回，几次地添本钱，柔石甚至一面跑印刷所，一面赶译书卖钱去充股本，有时真太来不及了，先生就转借些给他。总计起来，大约先生和我及借给柔石的，至少占股本之半。这时 A 对于译书事忽然不热心了，颇有十问九不理的样子。在某天，他宣布不能继续了，他哥哥的店不肯再代设法，书也多卖不出去，后来就把剩下的书由柔石托别的书店去卖，款不但收不到，还要每人筹款填亏空。先生担负了巨额的损失之后，得到朝花社遗留下来的黄色包书纸一束，从此关门大吉。先生想替青年们打下一个文学园地的基础，终成泡影，而先生也在这整整的一年中费去不少精力了。

一八　同情者

和朝花社差不多同时，还有一个 ×× 书局[1]，主持的是 C君[2]。记得他头一次来见的时候，说明他的姊姊是在北平做社会活动遇害的，家里很困难，想印些书，请先生帮忙。为正义，为文化指导，为同情心驱使，于是先生又有所忙了，义务地写稿，经常给刊物帮忙。C 君人很精明。有一回大感叹于经费困难，不易支持之后，由他负责，向先生筹借了五百元，仍然未能打开僵局，又关门了。随后 C 君离开了上海，这书店的股东是谁，没有一个人能够知道。

一九　忠厚待人

对于某某书店[3]，先生和它的历史关系最为深厚。先生为它尽力，为它打定了良好基础，总不想使它受到损害。创办者原也是个青年[4]，赖几位朋友之助，才打出这天下来。其时做新文化事业的真可说凤毛麟角；而出版的书，又很受读者欢迎，像

---

① 指春潮书局。1928 年成立于上海。
② 指张友松。曾任北新书局编辑。1928 年在鲁迅支持下与夏康农等合办春潮书局。
③ 指北新书局。
④ 指李小峰。原北京大学新潮社成员，负责出版工作。后成立北新书局。

这样有历史基础的书店，先生不愿意随便给它打击。在别人看来，先生对它仿佛有点偏私。记得在厦门、广州时，曾有另一书店托人和先生磋商，许以优待条件，要先生把在某某书店发行的全部著作移出，交给那家书店出版，先生也未为所动。其后到沪，复为它编辑两种刊物，替它另一刊物①长期译稿。先生所编的刊物，一种是同人性质的，没有稿费，一切是尽义务；另一种由先生编校，每月不过由我们拿回少数校对费，其实大半还是尽义务的。其间征稿、还稿、写回信、校稿等，先生全部精神几乎用在这里了。又初到沪上，正人事纷繁，先生且病（到沪大病一场）且工作，无时或息，并无对书店有疏懒之意。且正在"围剿"中，许多人以为他就要没落了，聪明的人，都远远地离开。又兼那时出教科书的风气甚盛，谁个书店不想赚钱？风帆一转，文学书就置之脑后了，先生以为这是大大的失着。如果它坚持早先立场，倒是一个为文化服务最纯洁令人敬佩的书店。然所以转帆之故，又归因于在沪之扩大组织，变店铺为家庭，外间给以批评为"糊涂"。然"糊涂"者，不精明之反也，水清则无鱼，太精明的店，也同样难以合作。先生所以时常说："某某书店乱七八糟，真气人，许多人固然受了他糊涂之累，可是他也时常糊里糊涂地吃人家的亏（如几次封门）。比起精明的来，不无可爱之处。"的确，先生仍不无有些偏爱，或甚至溺爱的，每当它封门受压迫时，先生从不肯

---

① 这两种刊物是《语丝》和《奔流》。另一种刊物指《北新》半月刊。

在这时期去索一回版税。然而他自己呢，每越遇压迫袭来，则收入之路越穷。糊涂者，自然也有精明之处，亡命之徒，还能出头露面向法庭控诉吗？那是不足为虑的。

先生往常总不断指导我，说我太率直，不懂事，甚至有时发恼，质问我一个人将怎样生活。固然，在他庇护之下，我是暖室中之小草，丝毫受不到风吹雪暴。可是我一个人在北方读书时，自己也生活了十年之久，不是还好好地活下去吗？有时我因此不禁偷笑！至于他，到处赔小心扶助别人，也难免吃力不讨好，会招来莫名其妙的怨怼，或无故的绝交，这在先生，又将何以自解呢？

二〇　编者态度

先生每编一种刊物，即留心发现投稿者中间可造之才，不惜奖掖备至，稍可录用，无不从宽。其后投稿较多，或觉少进境，也许会受到严厉的批评，以致为人不满。但这怕就是和青年来往难得持久之故吧。先生初到沪时编《奔流》《语丝》。投来的稿子，真是缤纷万状：有写了一次即不愿复看一遍，叫先生细改的；有翻译而错误很多，不能登载，致招怨尤的；有一稿油印多份，分投各刊物的；有字甚小，模糊难辨的；自然还有不少稍加修改，即可采用的。这些，如果是那原文先生能自己对照的，多给改正。其为从英文译来，遇有疑难，亦必多方向人打听，修改妥善。或长短诗，音韵、体裁、结构、思想俱优，则必多方设法登载。凡是先生手编刊物，读者怕很少不满意的吧。

二一　"鲁迅派"

这时有人 ① 从东京寄稿来，且时和先生通信，先生也照例复信、看稿。信与稿一多，即成立友谊。有时蝇头小字，连篇累牍地写着信，费去先生大半天工夫。可惜这些信现时我没有借到一封。我知道在那些信中可算是知无不谈，谈无不尽，天下治乱、个人生活，都历述无遗了。有时信中飞来一张当票，先生也会亲自带往北平替他取赎，再小心翼翼地给送到他的家里。孙伏园先生说过：先生给他再四打铺盖，比之于耶稣为门徒洗脚。其实不但对门徒，对未见过面的朋友，先生也一样毕忠至敬地尽力服务的。后来这位朋友回到中国来了，希望先生为他向北平教育界谋点事做，这在先生当然愿意尽力的。于是写介绍信以外，并亲自面恳。事情颇有眉目了，突然，一个风声传来，说他是"鲁迅派"，不能容他插足。鲁迅居然有"派"，放这风声的北平教界中的某权威，实在是最懂得鲁迅精神的。

自然这位东京朋友的饭碗是立刻打破了。他转来上海，从此和先生过往甚密。不幸先生因加入自由大同盟、左联等而遭遇了严重的压迫。那位东京朋友，虽然也是其中的一分子，但

---

① 指韩侍桁。曾将译稿投寄鲁迅主编的《语丝》和《奔流》。1930 年回国后参加左联。后退出左翼文学活动。

拂去衣上的尘沙，依然是翩翩年少，将"危险"的责任一推到别人的身上，自己也就从"为鲁迅带坏的圈中"爬了出去，飞黄腾达起来了。这是好的。先生也从不愿因自己之故而连累别人呢！

二二　谜

还有一位思想家兼诗人的[①]，时常在刊物中出现，也时常到寓所来请教翻译的文字，谈得投机了，也就一同吃饭。他曾为了爱人的病需要物质援助而又不要给爱人知道。先生满足了这希望，且恪守了约言。忽然，有一天他的另一位至友[②]来向先生借款，且举前事为例。其时先生正因压迫，预备出走避难，困于经济，苦无以应。这使这位"诗人的至友"不免怨言，而诗人从此也绝迹不至了。而后来几经碰面，也不招呼，这可见绝交的决绝了。

传说，早先拳师，授术弟子，必留一套自用，以免自己被弟子袭击。诗人自和先生交往已久，仿佛颇偷了些先生的拳经，决绝以后，他竟应用起来，朝向先生脸上打来。例如先生早预备翻译一本什么书[③]，被他晓得，他就赶速译出付印，以为

---

① 指杨骚。经常在《语丝》《奔流》上发表译著。其爱人为白薇。
② 指林惠元。当时与杨骚等同寓施高塔路。
③ 指《十月》。苏联雅科列夫著，杨骚译出后，南强书局1932年出版。鲁迅译本上海神州国光社1933年出版。

如此可断先生生路。但先生看这种做法，不免有些好笑，仍照预定译出。先生本常说过："中国之大，一种书有三四个译本也不要紧。要紧的是译得要忠实，不欺骗读者。"所以那诗人虽然对先生用了拳经，但终究经不起读者眼睛的鉴别。没落与兴起，是绝难侥幸的。自从先生死后，那诗人忽然又在追悼文中备致哀忱，忘交谊于生日，洒清泪于死后，人间何世，我实在不能理解这矛盾的现象。

二三　通缉来源的滑稽

先生是负了密令通缉的罪名，带到坟墓里去的。说来自然滑稽，但也痛心。首先呈请通缉的，是××省党部。而主其事者则为×××①。

先生是生长在那一省份的，这一来，则是他自己的故乡最先把他斥逐了。为了这一纸文书，使先生从此自弃于故乡，也使故乡负斥逐先生之恶名。先生何罪？曰："通缉堕落文人鲁迅。""堕落"而已。堕落有罪，则市井之徒皆得而诛。堕落文人而有罪，则文网之禁过苛。至于先生是否为堕落文人，稍有常识者，怕只有嗤之以鼻吧！此其所以为滑稽也。

但这事不是没有缘故的，正和先生编刊物有关。当先生初到上海主编《语丝》的时候，有署名××的一位青年，投文

---

①××省党部指国民党浙江省党部。×××指许绍棣。后文"某校"，指复旦大学。此事系传闻，有待进一步查证。

指责他们学校的黑幕，意在促使反省。凡有志于改革的，先生总尽力援助，所以把它刊登在《语丝》上了。这一反响真不算小，原来某校毕业生，革命以后多成显贵，×××就是其中之一。挟私嫌于心，诛天下人以称快，本是"老爷们"的拿手好戏，何况一个鲁迅。自由大同盟的事一起，借故追因，呈请通缉，通缉而又批准，那是非常自然的了。先生遭此厄运，气愤填胸，发为文辞，自亦激越。然被压迫者的呼声，正是国家民族的心声，先生岂徒为一己的私愤？

二四　意见相左

这位不识的投稿青年[①]，嗣后也时送稿来，先生或见或不见，随后终于到德国留学了。他天赋极高，旧学甚博，能作古诗、短评，能翻译，钦慕尼采，颇效其风度。留学时，常和先生通信，请益人事得失。先生也常托他买木刻书籍。同时也搜罗些中国画本寄去，托他转送德国朋友。兴之所至，这位青年仿佛也学起木刻来了。然而结果似无所成。回国以后，他带来些大书箱，寄存在我们寓所里。他有一次，为找积木送给海婴，偶然开箱，则先生托他转给德国朋友的中国画本，赫然尚存行箧。据说，那些画太好了，不忍送出去，不怕携带困难，终于给带回来了。而先生特意到书坊寻选，辛苦寄出，冀于彼

---

① 指徐诗荃。

邦人士有足观摩，此意遂归虚耗。先生于叹息之余，终不明白那青年用意所在。

他在上海行踪甚秘，住处也无人知道。时或一来寓所，但有事时总是我们没有法去寻的。也因为这样的青年朋友不少，所以并不怪异。那时，《申报·自由谈》已加改革，由黎烈文先生担任编辑，先生时常为它写些短稿。他也时常寄稿给先生，托先生介绍。有时就给送到《自由谈》去。但条件很奇特：不能将原稿寄出发表。据问他什么缘故，却说他仿佛觉得处处有人在监视他，稍一不慎，即有丧身之虞。这么一来，先生只好设法给他抄录副稿寄去。起头先生是嘱我抄的，抄好之后，先生附一函寄给编者，有云："有一友人，无派而不属于任何翼，能作短评，颇似尼采，今为绍介三则，倘能用，当能续作，但必仍由我转也。"（一九三四年一月二十四日夜给黎烈文先生信）后来这位青年研究佛理起来，每见先生，也多道及。先生初亦淡然置之。其后因为他对先生颇有所讽劝，以为先生如能参禅悟道，即可少争闲气，于是意见渐渐相左了。先生岂不知佛经，但他并不愿出家。在最危难的国度里，以佛学麻醉自己的灵魂，希图置身世外，痛痒不关，这岂先生所能忍？不但出家，即出国也未被先生所许，他不能恝置这古老的祖国，他要同被压迫的同胞一同生活，一同奋斗。那位青年虽未必逃禅，但已经参禅了，而且先生观察他既久，知之更论，颇觉其无一当意，而自处复老气横秋，殊少青年凌厉之态。先生觉得这样的人，是未可亲近了。来时也常婉辞不见。但仍一面替他介绍文章。一九三四年三月四日夜，给黎烈文先生信云："'此公'稿二篇呈上，颇有佛气，但《自由谈》本不拘一格，或无妨乎？"可是我们自己工作有时很忙，如果我没有工夫，那么先生也得替他抄好寄去。但这对他还是不满意。有一次，他竟要求每篇换一个抄写者。我们是躲起来，不大交际的，哪里来这许多抄写者。这命令实在难以办到，而且连我也未必有工夫专门为他抄写文章。先生很懂得人情，偶然叫我做些事，也斟酌情形才开口。见到我忙了，他也会来帮我一手，所以他自己更不大肯差遣人。如今我们都要腾出工夫来做抄写工作，而且做了还不合意，这有什么法子呢？先生的精神就是这样多方面被磨掉的。后来他的稿子越来越多，让它积压太久又不大好，没有法子，请《自由谈》编者设法了："'此公'脾气颇不平常，不许我以原稿径寄，其实又有什么关系，而今则需人抄录，既费力，又费时，忙时殊以为苦。不知馆中有人抄写否？倘有，则以抄本付排，而以原稿还我，我又可以还'此公'。此后即不必我抄，但以原稿寄出，稍可省事矣。如何？便中希示及。"

二五　为社会造材

那么先生为什么这样不辞劳苦，愿为他"抄录"呢？这因为凡有可造之才，不忍其埋没；且其人颇深世故，能言人所未言；孑然介立，还不失其纯洁。若或稍加移易，积极为人，即社会的栋梁，故不惜辛勤设法，并非特有所私。但因其文时多不平之语，或间略带讽刺，人又疑是先生所执笔。在同年四月间，先生有给《自由谈》黎烈文先生函云："'此公'盖甚雄于文，今日送来短评十篇，今先寄二分之一，余当续寄；但颇善虑，必欲我索回原稿，故希先生于排印后，陆续见还，俾我得以交代为幸。""其实，'此公'文体，与我殊不同，思想亦不一致，而杨公邨人，又疑是拙作，闻在《时事新报》（？）上讲冷话，自以为善嗅，而又不确，此其所以为吧儿狗欤。"文章发表愈多，研究好奇的也多，如果真是先生一个人，诚然"思想亦不一致"。但先生并不做统制思想的工作，自己尽管有所不同，而他人另有所见，也未便埋没，故仍予介绍文稿。此种苦衷，就是作者恐怕也甚不了解的吧。编辑者也终于弄不明白，好像还来打听，先生回信告诉："'此公'是先生之同乡，年未'而立'，看文章，虽若世故颇深，实则多从书本或推想而得，于实际上之各种困难，亲历者不多。对于投稿之偶有删改，已曾加以解释，想不至有所误解也。"

二六　最后一面

文稿尽在为他介绍，但他来访的次数渐渐减少了，因为先生不大和他多所谈论。即有所谈，也觉到微妙地相左。如此陪客，确也很苦，况且后来先生身体多病，又没有许多时候接见。这时我的处境就很为难，客来总得先由我招待，接见与否，则禀承先生之意。如果不打算见，我是很难为之说辞的，因为我晓得他的脾气，强见会不欢而散。最后一次，"此公"来了，我告以先生病不见客，他一句不说就走了。一刹那买一束鲜花直冲到楼上，令我来不及拦阻，他终于进来了。先生似理不理地躺在藤躺椅上，这时我真无地自容，对先生，对来客，没有能够打开这僵局。谁知这又是最后一次的相见呢？他敬爱先生，先生是晓得的。见面时无话可谈，原是思想的距离太远。先生于他，已力穷无可解劝，这是先生方面的苦处。这苦处，明知说了出来未必有效，就只好哑默无声，绝不敷衍。这是先生的坦率。然如真能了解先生，豁然贯通，无所执迷，则先生亦必能和他友好如故。先生死后，停在殡仪馆的小房间里的大清早，我遇到他，他悲怆万分。他告诉我先生给他的许多信，可以集成厚厚的一本，希望将来能够印出来。现在，这位青年的友人，也不知走到哪里去了。他保存着的书信，不知有没有遗失在烽火之中。我们祷祝他的前途！并希望他善体先生通信中的拳拳至意。

二七　相当限度

先生无论对任何人，绝不出难题目给他做。他清楚某方面的长处，同时也明白某部分的短处。譬如某某社①，先生和青年一同努力，一同计划出书，甚至有时设法代筹印刷费，诚或有

---

① 这里和二八、二九节中的"某某社"，均指未名社。

之。然彼此之间，仍保存相当限度，不能以此而叫先生强人所难也。某某社的成立，主持的几位，大都是同乡而又同学，他们友谊甚深，其中只有一位是不同省份的。先生在那社里，也是异省人，他们当然没有话说，但不能因先生而对一切人随便，这是某某社一向脾气，先生是了解的。所以那时另外有几个人要求先生对某某社如何如何，先生也不能作左右袒，只好听其自然。结果另一部分青年不满，向先生进攻了。

二八　原稿

某某社之认真不苟，每个人多洁身自好（除却有一个做官的不算），这一切是先生所信服的。至于虽勤谨而气魄甚少，不能有大作为，则为先生所惜。他们的认真，举一例便可知道。先生平常原稿寄出，即多不过问底稿之如何保存。此次先生逝世，该社李君①把他积存的《小约翰》《朝花夕拾》等六七种原稿，毫不污损地装订起来见赠。我们想想，这三数位青年，一面在求学，一面在做译著、校对、出书等繁忙工作，仍留心保存先生手迹，一点一滴地抄出副稿付印。以视别人，把先生原稿随便丢弃，终于落到包油条的境遇，对于一代文化宗匠之敬爱与歧视，在这里可以窥测了。自然，我们不能希望人人把先生当孔夫子一样地敬重，他也一样地拿稿费换米饭，书

---

① 指李霁野。

店对于作家的平等待遇，本不足怪。可是某某社的苦心，则更是难能可感了。

二九　一位朋友

和某某社保持相当友谊、曾在北平旁听过先生讲书的青年F[1]，后来在闸北和先生住在同里，而对门即见，每天夜饭后，他在晒台一看，如果先生处没有客人，他就过来谈天。他为人颇硬气，主见甚深，很活跃，也很用功，研究社会科学，时向先生质疑问难，甚为相得。后来在左联等处，他也时露头角，对先生感情很好，但对解决社会进步的热忱更深，自奉很刻苦，早晚奔走，辄不辞劳。曾有一时住在我们比邻，他大约每天晚上十时才能回家，时常见他的太太手抱小孩在门外伫候，饿久了，小孩手拿干面包充饥。他不管家里人的心焦，非到相当时间不回，回来饭后已十一时了。敲门声响，他来了，一来就忙得很，《萌芽》《十字街头》《前哨》等刊物的封面、内容……固然要和先生商讨，要先生帮忙，甚至题目也常是他出好指定，非做不可的。有时接受了，有时则加以拒绝，走出了，往往在晨二三时，然后先生再打起精神，做预约好的工作，直到东方发亮，还不能休息。这工作多超过先生个人能力以上，接近的人进忠告了。先生说："有什么法子呢？人手

---

① 指冯雪峰。

又少，无可推诿。至于他，人很质直，是浙东人的老脾气，没有法子。他对我的态度，站在政治立场上，他是对的。"先生是这样谦虚地接待一个富有正义感的青年。这青年有过多的热血，有勇猛的锐气，几乎样样事都想来一下，行不通了，立刻改变，重新再做，从来好像没见他灰心过。有时听听他们谈话，觉得真有趣。F 说："先生，你可以这样这样地做。"先生说："不行，这样我办不到。"F 又说："先生，你可以做那样。"先生说："似乎也不大好。"F 说："先生，你就试试看吧。"先生说："姑且试试也可以。"于是韧的比赛，F 目的达到了。对庄严工作努力的人们，为了整个未来的光明，连自己的生命也置之度外的，先生除了尽其力所能及之外，还有什么需要坚持？这时候见到的先生，在青年跟前，不是以导师出现，正像一位很要好、意气极相投的挚友一般。

三〇　爱护战士

×× 先生①从东洋回来了，添一支生力军，多么可喜呢！那时候，压迫并不稍宽，×× 先生当即被注意了。先生和他以前在某文学团体②里本有友情，这回手挽手地做民族解放运动工作，在艰难环境之下，是极可珍视的。先生也常留心自己的奄忽，留心继起的有人，所以凡具殷望的，无不竭诚拥护，不

---

① 指茅盾。
② 指文学研究会。鲁迅虽未参加文学研究会，但与该会关系密切。

遗余力。有时遇有国外友人，询及中国知识界的前驱，先生必举××先生、××青年等以告，总不肯自专自是，且时常挂念及××先生的身体太弱，还不及他自己。如今先生不幸逝去二周年了，希望××先生为国珍摄，努力前途。或对××先生颇有异议时，先生辄不惜唇焦舌敝，再三晓说："对外对内，急需人才，正宜互相爱护，不可减轻实力，为识者笑而仇者快。"现在则团结益坚，先生当可瞑目了。

三一　倡导木刻

木刻之在中国流行，不能不归于先生的号召，其始朝花社出《木刻选集》五册，使社会一新耳目，《奔流》等刊物亦时予介绍，一时风起云涌，几乎每种刊物，非有木刻不显进步了。先生又举行过几次木刻展览会，开办过夏期木刻讲演会，一时人才辈出，大有可观。其最露头角的，如罗清桢、陈铁耕、李桦、陈烟桥（李雾城）、赖少麒、张慧等先生，俱能自成一格，前途无量。可惜人体构图，多欠正确，为美中不足，是则先生所时常道及并惋惜的。而比较成功的木刻家，以及习木刻者的籍贯，多为粤人，先生常以为异。我以为民风之故。粤民得一风气，即往迎头赶上，故革命者亦多粤人，先生似颇首肯。

先生对于美术向极留心，在北平时，常见他案上放有不少外国美术书，供随便翻阅。一问起他总说："那是消遣的时候看看的。"他是怎样利用每一刻的光阴！就是从消闲中也得教育之益，无怪他和木刻朋友通信时，观察之精确，句句说出来都是内行话。如一九三四年写给张慧先生的信云："蒙赐函及木刻，甚感。拜观各幅，部分尽有佳处，但以全体而言，却均不免有未能一律者。如《乞丐》，树及狗皆与全图不相称，且又不见道路，以致难云完全。弟非画家，不敢妄说，唯以意度之，木刻当亦与绘画无异，基本仍在素描，且画面必须统一也。"先生的率直批评，博得青年们的正义拥护，投函寄木刻请批评的，大有应接不暇之势。张先生再寄木刻来，先生又报之书云："顷收到十八日信并木刻三幅，甚感谢。上月二十八日的信，也收到的。先生知道我并非美术批评家，所以要我一一指出好坏来，我实在没有这本领。闻广州新近有一个木刻家团体，大家互相切磋，先生何不和他们研究研究呢？""就大体而论，中国的木刻家，大抵有两个共通的缺点：一，人物总刻不好，常常错；二，是避重就轻，如先生所作的《船夫》，我就见了类似的作法好几张，因为只见人，不见船，构图比较的容易，而单刻一点屋顶、屋脊，其实是也有这倾向的。先生先前的作品上，还有颓废色彩，和所作的诗一致，但这回却没有。"同年给木刻家李雾城先生函云："三日的信并木刻一幅，今天收到了。这一幅构图很稳妥，浪费的刀也几乎没有。但我觉得烟囱太多了一点，平常的工厂，恐怕没有这许多；又，《汽笛响了》，那是开工的时候，为什么烟囱上没有烟呢？又，刻劳动者而头小臂粗，务须十分留心，勿使看者有'畸形'之感，一有，便成为讽刺他只有暴力而无智识了。但这一幅里还不至此，现在不过偶然想起，顺便说说而已。"这观察多么周到、深刻。像这样的通信，每个木刻家寄赠作品来时，先生都一样地给以正确的批评的。而木刻青年对先生爱护之诚，并不因交往深浅而异，在他们沉痛的哀感，在他们踊跃的每人都极力把保存的遗札寄来之充分，我是多么感动到震抖。我想：最好能够把先生每封批评木刻的信，插以原图，刊印出来，不是很好的木刻示范吗？曾经把这意思贡献给某书局，大约制图费过巨吧，没有成功。但是我总以为值得一做的，我时常想念到这样做或者不是没有意义的。鲁迅先生说："希望在将来！"木刻是有将来的前途的。

三二　先生与出版界

先生对文学有爱好的，帮助他们出些书，有关系的书店真不少。从北新、未名社、朝花社、春潮书局、大江书店，以至《译文》《作家》《中流》《海燕》《奴隶丛书》等，到如今，虽然北新仍健在，而从事文学运动之锐气已消，其余则又先后消灭，真令人有风流云散之感。尤以未名社一向对出版业是那么认真、精选，卓有信用，乃忽停顿，为先生所可惜不置。又因同情被压迫者之故，先生不惜助之者，如联华书局。主持人某君，本为某书局①职员，多年做工，月入不过数金，要求先生

①某君，指费慎祥。某书局，指北新书局。

给他一二本书出版，以济困急。乃以《南腔北调集》《准风月谈》等与之。又陆续以瞿秋白（用乐雯笔名）编校的《萧伯纳在上海》，和他（用易嘉笔名）译的《解放了的唐·吉诃德》，及曹靖华译的《不走正路的安德伦》等与之，有时且为之垫付排工等费。因其困迫，不但先生自己不肯开口讨版税（只在后来病时及先生死后陆续收些版税），就是替朋友介绍的也是约在半年前曹先生才收到版税二十元。先生宁可自己过刻苦生活，而从井救人，绝口不肯言穷，愈是困难，愈是如此。而人们还有计划地造他的谣，说他逃难时也把账目带走。其实就算有账目吧！资本家的账目，还不是他自己有数？而先生的朋友，也从来不因先生介绍出书收不到版税，过问一下，这种相知、相信、相互了解，是超物质的。

三三　误解

先生不但帮朋友出书，也帮朋友的儿子送入医院医病。有一位南京同学，后来在教育部同事的张君①，他的儿子患病，好几个医院都说严重，找到先生，他立刻托朋友介绍入一医院，自己时常去探病，替他们付出千多元的医药费。出院之后，又替他们请全院的医生吃饭，表示谢意。他的慷慨，真叫人奇怪。有时人们以平常上海洋场心理推测先生，以为先生能那样

---

① 指张邦华。

替人花钱，一定是个富翁了。谁知先生却用钱之所要用，什么留底都不存了。还有一位老朋友，是老革命党，留学时的老同学①，他们在上海相见了。先生不会对一切朋友隐藏什么，这位老友自然也晓得先生肯随便拿钱给人。有一天，这位老友来了，向先生借支五百元，说明不久就还。先生以忠厚待人，决不疑心有他，立刻向别人转借给他。因为是老友，相互之间自然相信得过，别人也相信他们，把千余元的存折，连图章托他去取五百。谁知这一来真是天晓得！变了"黄鹤"了。他写信去催，图章寄回来了，折子已被干没……从此一概不理。后来从另外的朋友处听到，那位老友在说："人家说他收卢布，恐怕是真的吧！"卢布，是共产党的，人人可得而用之，无怪这位老友，敢于这么做了。然而这是他亲眼看见先生从别人那里借来的。造谣者的心理，却原来为自己的丑行找遮盖，此外还有什么！先生死了，那"债主"也曾写信去讨，他可连信也不回，尽管在乡下做他体面的绅士！以儿子的缘故，接收到继承的遗产十几万的封翁，对朋友是这样的。先生的血绞出来的金钱，如果用在这样的人身上，那真是有点冤枉了。

三四　为社会服务

不管先生如何以物质济人之困，而被接济的还说这东西来

---

① 指陈子英。

路不清，这是很使他痛心的。在他的著作里也曾说过，用了妓女卖身的钱，还骂妓女卑污……先生指的就是这批人。至于先生以精神帮助青年，那更不必说了，逐字逐页地批改文稿，逐字逐句地校勘译稿，几乎费去先生半生工夫。大病稍愈的时候，许多函稿送来了，说："听说你的病好些了，该可以替我看些稿，介绍出去了吧？"有时寄来的稿字是那么小，复写的铅笔字是那么模糊，先生就夹心衬一张硬白纸，一看三叹，终于也给整本看完了。在他的遗物中，有人①拿初版的书请先生修改，先生不知什么时候已经给改好了。死后我遇到作者，告诉他："先生给你的书改好了。"他说："让它去吧，我不打算印了。"他的悼文是那么沉痛，一见到遗容就那么号啕大哭，而先生千辛万苦给改过的书，曾不值一顾，我一想到先生一点点磨去的生命，真是欲哭无泪！然而这是少数人，这是我的小。以先生伟大的人格，数十年所遇的朋友，生前死后，了解他的几乎无间敌友。先生的工作，求其尽心，而从不想到对方的态度。他认为他的工作不是对个人是为社会服务。辛勤的农夫，会因为孺子弃饭满地而不耕作的吗？先生就是这样的。

三五　好好地替中国做点事

人们的判断力是正确的，对先生的爱护就是一个明证。殡

---

① 指王志之。鲁迅曾校订他的小说集《落花集》。

葬之际，无间阶级老幼，同声悲哭，这就是先生苦难一生的判词。当苏联木刻开展览会于八仙桥青年会时，先生莅临了。一切的观众，一切的眼光，随着先生亦步亦趋，有拿展览目录请先生题字的，先生就把带在手边的《引玉集》签了字给他们了。这时候先生多么兴奋，多么感慨。他时常说："我要好好地替中国做点事，才对得起你。"他真是为我吗？一切如我的青年，如我一样殷注先生的青年，先生知道应该怎样感动，怎样益加奋发。太奋发了，我心伤痛。我说："门徒害夫子。"先生谦虚，不肯承认这话。

三六　多几个呆子

先生爱一切人，爱一切有专长之人，就是肯印书的人[①]，他也极力夸奖鼓励，他说："他是老实的，还肯印书。"又说："在唯利是图的社会里，多几个呆子是好的。"先生自己亦明知是呆子而时常做去。他说："青年多几个像我一样做的，中国就好得多，不是这样了。"自他死后，继他这样做去的仿佛已大有其人，先生如果还健在，一定很安慰的吧。

---

① 指郑振铎。

青年人与鲁迅

　　小朋友：鲁迅先生死了整整二周年了。我知道，你们和我一样地记得他。因为在他死的时候，许多许多小朋友挟着书包到殡仪馆去公祭，有的哭了，有的徘徊不忍离去，甚至有些人说，比死了自己爸爸还要伤心。出殡那天，好几里远的路，小朋友也一个个走去送葬，排成一条长阵，一路唱歌，唱到入墓，唱到回去，喉咙都哑了，没有一些勉强，个个人不自觉地要这样做。而且这样做了自己还似乎不大满意，没能够尽量发挥心头的悲哀。这声音，到如今，时常好像还在我的耳朵边，每逢有人唱到那个调子时，我心头就不禁乱跳。这是从来没有过的，有谁死了博得你们像对鲁迅先生的哀痛呢？你们最明白不过了，因为他也一样地爱你们。

　　他自己年纪小的时候，没有你们现在的幸福：有许多增加知识、适合儿童看的刊物，像现在的少年读物哪，少年丛书之类，他没有。很可怜，只宝贝着一部古里古怪的《山海经》。

他要看图画，没有现在的《儿童画报》，只不过从表兄那里借来一册《荡寇志》的绣像，买了些"毛太纸"来，一张张地影描。

这些自己经历过的苦处他总记住，时常提起，不像一些大人们自己成长了就忘记了小孩时代了。他时时刻刻在留心，而且自己努力去做。他的几本翻译如《爱罗先珂童话集》《桃色的云》《小约翰》《小彼得》《表》《俄罗斯的童话》等，都是小朋友很值得一读的，尤其《小约翰》和《表》，是他最卖力气翻译，认为很有修养、教育意义的。《小彼得》那本书，原来是他拿来教我学日文的，每天学过就叫我试试翻译。意思是懂了，就总是翻不妥当，改而又改，因为还是他的心血多，已经是他的译品了。在试译的时候，他也说："开手就让你翻译童话，却很有些不相宜的地方。"而且这小小的一部书，如果懂得原文的拿来比较一下，就晓得他是怎样地费力气，一面译一面他老是说："唉，这本书实在不容易翻。"也可以见得：就是这样小小的一本童话，他也一样地认真，绝没有骗骗孩子的心思。所以现在就收在全集里。

提起学日文，他先把《ニ｜ル河の草》(《尼罗河的草》)教我读，后来加入一部口语文法，每天一小时，无论怎样忙，也不肯停止的。第三本才是《小彼得》。第四本是简单的社会科学书，刚开头，读不下去了，共总不过一年，不是他不肯教，是我怀孕了海婴好几个月，精神支不住刻苦用功了，到现在想起还可惜。他的学外国语方法是要口耳并用的。闲起来，日常简单对语他就用日文教，又教我用日文答。太熟识了，时常不免窘起来，问答也学不好了，愈怕错就越会错。在他那里学至毕了业的学生，自己也料不到，这回学日文不行了，连丁等的也不如。

他很喜欢青年人学科学，他以为科学并不是没有用的。他给颜黎民先生的信说："先前的文学青年，往往厌恶数学、理化、史地、生物学，以为这些都无足重轻，后来变成连常识也没有，研究文学固然不明白，自己做起文章来也糊涂，所以我希望你们不要放开科学，一味钻在文学里。"他的话很不错。就是文学，像他造诣的深，学识的博，文章的所向无敌，就是处处随手拿科学的方法，解剖、分析、综合、证明的。

他欢喜青年，不论识与不识，写信去请教他，没有不详详细细地回复的，他每星期的光阴，用在写回信大约有两天。他在上海，躲起来，不能被允许去教书，去演讲，去和青年们接触，因此时常感到寂寞，烦躁不安。有敲门声了，他就赶紧伏在窗口看看，是不是他的客人。一面躲藏，一面希望有人来。他内心寂寞，他要和青年在一起，寂寞驱使他冒一切危难，同时千万的危害之矢向他射来。他自己知道，朋友也替他担心，就这样的临死前一天还出来访友。

在北京，他自己没有孩子，到店里看见有些玩具真好，欢喜了，买下来了。怎么办？一匹不算小的假马，后来拿去送给朋友的儿子了。他书柜的抽斗里，偶然一抽开来，真有意思，小小的瓷水桶、瓷蟾蜍等一大批。有的是放牙签的，有的是装清水写字用的，我们做学生的哪里肯放过：一，二，三，抢。大家不客气动手了，五六个人竞赛，结果我抢到了一半，有些朋友得不到，几乎哭起来了。"太难为情，分她些吧！"有人在劝了。到如今，我只剩得一只绿色蟾蜍、一只紫色水桶、一只黄色喇叭花形的牙签筒。

　　还有一件可惜的事：在鲁迅先生北京寓所的园子里捉到两只小刺猬，他的母亲珍重爱护地养起来了。我们去到也拿出来玩，两只手一去碰它，缩作了一团了，大大的毛栗子，那么圆滚滚的可爱相。走起来，那么细手细脚的，大家都欢喜逗这小动物。不知怎么一来它逃脱了，无论怎样也找不着。偶然看见一个小小的洞，人们说："一定是逃到这里了，因为它喜欢钻洞。"有一天，落雨了，我撑着伞到了鲁迅先生寓所。后来他给我写信，里面附了一张图，一只小刺猬拿着伞走，真神气。出北京时这张图还保存着，后来找来找去也没有，记得从广州到上海，书箱在香港被检查的大敲竹杠而又乱翻了一通，都散乱在外了（先生也时常记起这张图，希望能够发现它），不知是否这时失掉。如果还有，那就不让他手写的《无常》①专美了。

　　先生喜欢吃糖，但是经济不充裕——不，他对自己刻苦——时常买一种三四角钱一磅的质地轻松的来吃。这种糖因为价钱低廉，淀粉多，不大甜，手碰它就好像碰着石灰一样。

---

① 《无常》，鲁迅自己为《朝花夕拾》画的插图。

我很反对，叫它乌贼糖，因为质地似乌贼鱼的骨。有一天，先生忽然用稿费买了一大批咖啡糖，留着请客。我们一批学生到了，每人一包：一大块扁平的，里面隔开许多方格。在上海，这东西大家毫不稀奇；但那时的北京，外国货很贵的，先生得钱也真不容易，他有时还在举债度日，要买这些糖请客，真不经常。一个朋友争起来了，她迟到，疑心人家比她多得些，同别人抢起糖来，撒得满地都是糖，又不便拾起来吃，这样艰难苦心买来的糖，那样子糟蹋掉，先生是不高兴的。

小朋友，你们有到过北京的吗？北京的春天真可爱呢！气候交春了，本来冷冰冰的世界，骤然暖起来，昨天是棉袍，今天可以是单衣；昨天树木还是稀疏的枝条，今天吐绿抽芽了，压不住心头的活跃。这时，骑驴游春的青年，到处都是。然而我们还在上课，我们受不住！

鲁迅先生授课时很认真，不过绝不会随便骂学生，这一层我们很有把握。有一天，趁新的讲义还没有印出来，先生正预备讲书时，姑且和他闹一下吧，如果成功，就有得玩了。课室前排的几个人最爱捣乱："周先生，天气真好哪！"先生不理。"周先生，树枝吐芽哪！"还是不理。"周先生，课堂空气没有外面好哪！"先生笑了笑。"书听不下去哪！""那么下课！""不要下课，要去参观。""还没有到快毕业的时候呢，不可以的。""提前办理不可以吗？""到什么地方去？""随便先生指定吧！""你们是不是全体都去？"测验是否少数人捣乱，全体起立，大家都笑了："先生，一致通过。"先生想了想，在黑板上写出"历史博物馆"几个字，又告诉我们在午门——是皇宫的一部——聚齐，各人分头去，在那里聚齐。大家都去了。原来这个博物馆是教育部直辖的，不大能够走进去，那时先生在教育部当金事，所以那里的管事人都很客气地招待我们参观各种陈列：有大鲸鱼的全副骨骼，各种标本，和古时用的石刀石斧、泥人、泥屋。有从外国飞到中国来的飞机，也保存在一间大房子里。有各种铜器，有一个还是鲁迅先生用周豫才名捐出的。其他平常看不到的东西真不少，胜过我们读多少书，因为有先生随处给我们很简明的指示。现在，这博物馆的东西不知有没有把保存的一部分运到南边去，还是通通仍留在北地？回想起我们能够去参观，真是幸运。

海婴出世了，先生十分欢喜他，每逢朋友到就抱给他们看。生后十六天，就照相给他母亲寄去。夜里，十二时以前，照管海婴是我负责；十二时后，先生每天必从书房兼客室的客堂间跑到楼上来，抱着海婴在房里一面走一面唱催眠歌，或陪着弄玩具给他看，至二时才睡。为的是不令我太劳苦，致影响小孩的乳量不足。他处处都替别人设想，自己辛苦是不管的。回想起来，我和海婴，真叫他操不小的心，尤其生病的时候，他的焦躁、坐立不安、眠食失常，真令他吃苦。有时叹一口气，说："唉！没有法子，自己养的。"这句话不是懊悔，是真有"俯首甘为孺子牛"的心情的。

片段的记录

　　鲁迅先生平常举动和谈话，有许多精到的地方，我想：随时把我记录的摘写出来，久而久之，把这种材料选择编辑一下，或者也可使人对于他的文字有更清楚的了解。可惜记录了不几天，他就病了。病中一直没有工夫继续记下他的谈话，所以这一片段，是很不完备的。而且初意满以为编辑成帙时，可以由他校正，想不到会要在现时的情况下发表①，那么，不妥之处，自然应当由我负责了。

五月八日

　　晚间我拿起笔来预备写些字，他问我写什么，我把意思告诉了。他表示不愿意，这我懂得的：他以为不值得如此做。但

———————————

① 指想不到此文在鲁迅逝世后发表。

歇一下他又说："要写，就坏处也得写。"

他处置自己的时间，与其说是为我的，毋宁说是为人。只要对于别人的希望可以满足，有时就是极不认识者的通信，他也并不吝惜自己的精神而置之不理，如一些名流一样；虽然仍有许多人觉得他的信欠详细或竟不复，因而招致无聊的不了解的讥刺函件，使他痛心。

他对自己的文稿并不爱惜，每一书出版，亲笔稿即行弃掉。有时他见我把弃掉的保存起来，另一回我就见他把原稿撕碎，又更加以讽刺，说没有这么多的地方好放。其实有许多不大要紧的书，倒堆在那里，区区文稿会没有地方放？不过他不愿意保留起来就是了。曾经有一次他的《表》的原稿给卖油条的人拿来包油条给买客，刚好那张稿子落在一个朋友手里，我听见好像身上受了刀割那么痛伤我的心，然而我时常眼巴巴地看他把原稿弄掉，我歪不过他。唉！

今天上午吴朗西先生亲自把《死魂灵百图》精装本送来。是那么精致的一本图，我们看了都很觉满意。照目前社会情形，尤其书业情形，是很难做到的：购买力薄弱，知识程度低下。但他是不管的，为了读者，有时印刷些讲究的书籍，虽然也有人讥笑他。他的深意却另外存在着，他说："我的印好书，是有将来的，别人不注意将来，所以就没有把现在的东西好好保存起来，留给将来的人做粮食的心意。哪里是为的满足我自己。"

每一种新出版物到手时的高兴，是没法子形容的。吴先生一走，就兴匆匆地一本一本包起来，要使得朋友们赶快收到。这种替人设想的一种忘我心情，我是时常体会到的。他的精神感动了我，自然不由得我也在旁给拿包裹纸啦，绳啦，浆糊啦，等等，共同把书包扎起来，眼看着一包包的书摆在案头，这才靠在躺椅上发出满足的微笑，有时且计算朋友们收到的日子。

这种包裹捆扎的琐事，虽是委之别人比较自己省力，然而他是不肯的。非如此做他不觉得满意。并且时常说："做这种事就是我的休息。"真的，他从没有好好休息过，总是手、口、脑轮流使用。每当嘴谈天时，手算休息了；执笔写字时，手脑并用，口休息了；此外，斜靠在躺椅上，不是在看书就是在那里构思。有时我想：他磨炼成机器一样了。别人看得实在太苦了，而他并不在意。自然修理机器也是第一要紧的事，否则要损失它的生产力的，但至今没有好好地修理一下，真令人难过。

五月十日

下午黎先生来，谈起有些刊物要求老作家每期投稿之类。他以为：

（一）每种刊物应有其个性，不必雷同。目前各种刊物，总是这几个人投稿，是不好的。

（二）新产生一刊物，由老作家稍微帮助一下，三两期后，便能自己办起来，像《译文》初时情形一样，那是对的。如果每期都需要帮助，好像背着一个人走钢索，不但走不动，而且会有使背的人跌下去的危险。

（三）办刊物应多量吸收新作家，范围要放大，不可老驮在几个人身上，否则要拖死的。

晚间和 C 先生谈话，说起"中国将来如要往好的方面走，必须老的烧掉，从灰烬里产生新的萌芽出来"。更加重地说："老的非烧掉不可。"他是对于旧的渣滓毫不爱惜地割弃的，这是他执着不放松的确信。他太爱新生的进步产物，同时更太讨厌旧有的污秽。

他又说："中国人所谓没有出路，不是替大多数人着想，他是为自己没有出路而嚷嚷。譬如杨邨人等之找出路就是这样。"

谈到中国的党员和日本党员之不同处，他说："日本因政府压力过大，做文学的人许多都变了。他们虽则表面似变，但在思想信仰上如故，不过文章上表示缄默而已。中国则不然，他们多要做反叛的文字，乱骂一通。"

五月十一日

同 C 先生谈起中国人的极端性，他说："中国人对于某人的观察，因其偶有错误、缺点，就把他的一切言语行动全盘推翻，譬如有人找出高尔基一点'坏处'，就连高氏全部著作都不看。又如吴稚晖不坐人力车，走路，于是崇拜他，反而把他的另外行为，比损害一个人的体力更不止的一切，都可抹杀。又如孙传芳晚年吃素，人们就把他的杀人凶暴，都给以原谅了。"

讲起小孩子的难对付。他（小孩）知识稍微有一点，首先问：天上面有什么东西？若说空气，再说空气之外有什么东西……看见了桃子，问哪里来的？说核种出来的。又问没有核的时候，最早最早，桃子是什么东西生出来的？第一个是哲学问题，第二个是物种原始论。这种题目到如今还答不出来，而小孩子首先注意到。怪不得野蛮人要归之于神，大概是无可解答时的答复呀。

他以为中国人写文章较别国难，因中国文字实在太不够用。所以写作时几乎个个字在创造起来。如果要照文法第几条，那是不可能的。外国字则每个字有单独意义，中国是分不出来的，有时加上形容字，也觉得不妥当。

对于中国人做事情的没有持久性，他也很不以为然的。他说："中国没有肯下死功夫的人。无论什么事，如果继续搜集材料，积之十年，总可成一学者。即如最简便而微小的旧有花纸之搜集，也可以观测一时的风尚习惯，和社会情形的一般。"

他本身拿文学做武器，和一切恶势力奋斗。可是他时常感慨于文学力量的薄弱、不切实，他希望文学从实生活中产生出来，所以对人谈到这问题，他就说："文学以后不能算它职业。——教书吃饭例外，专门学者例外——科学家……无论什么人，于自己职业之外，对文学有趣味，工作剩下来的时光，把从实际得来的写出来，各人经验不同，表现得当然五花八门。可是向来一般人对于科学算学……不愿意努力的，都投向文学这一条路来，或美术上来，这是很不对的。不过这种情形是畸形的。而近来女工、劳动者，每一篇文章出来，容易引人注意，因为他们的生活充实，自然有一种力量存在着。"

谈到在上海做文章的人，他有一个很有趣的比譬。他说："上海文人，各有各的本领，我们不可轻看他。你看见他表面上笑嘻嘻，一动也不动，静得很，一点真意也得不出来。我时常想：他们好像非洲 Jungle① 里的动物，在树林里，看过去极平常、毫不可怕，可是如果真接触到时，就各有各的本领。"

---

① 原始森林。

鲁迅手迹和藏书的经过

　　鲁迅藏书目录，现在由鲁迅博物馆整理出来了。其中绝大部分为鲁迅自己收藏的：有北京存的约一小半，上海存的约一大部分。其所以合而为一于北京的原因是：北方天气比较干燥，易于保存，而且有些日文书如《书道全集》或其他全集的书，前半部已在北京，后半部陆续在上海购得，以合并更为完整。但上海亦留有少许亲笔稿如《毁灭》，鲁迅自己编好的苏联木刻版画等及零星残缺书本，则是整理北运时留下的。亦有特意留在上海的，如《广辞林》《标准汉译外国人名地名表》《新独和辞典》《实用英汉汉英辞典》《三省堂标准英日辞典》《袖珍英日辞典》等，则因陈列案头，经常为鲁迅日夕摩挲必不可缺的参考书，故仍留原处。就我个人所知，现在略为介绍其他情况，从此亦可见鲁迅藏书经过的梗概了。

　　鲁迅生平酷爱书籍，甚于一切身外之物，偶有尘污，必加揩拭净尽而后快。如手边没有擦布，随即拿衣袖清除亦所不

惜。珍藏之书，则必力求没有损坏。每当期刊书籍出版，必先
选出两份保存。若是向市购书，亦必挑选善本珍藏，偶或有所
污损，则宁可作临时披览，另行置备储存。即属赠阅的书，如
早期《东方杂志》《小说月报》《莽原》等期刊，或后期出版的
《奔流》《萌芽》《译文》等，都是集几册为一包，亲自包扎好
了，写出书名、册数妥为保存。凡经他亲手包扎的，必整齐如
一；扎书的线，也必选择胶质，以其形扁不占面积，线结必在
边头，以免在书中日久压成结痕，有损书的原状。这是我长期
看到，毫不例外的。我之所以这样叙述经过，是为了对照后来
情况，俾使了解真相而已。

说到藏书，据我所知，有如下几方面。

（一）手迹方面：除现在搜集存得之外，有些零星稿件，
如整理《古小说钩沉》的片断抄录等，是周作人交出的，但是
据了解，早期鲁迅未搬出八道湾前，必有不少手迹留在彼处，
除由他随手送人外，不知是否业已清理完了一齐交出。

（二）藏书方面：据鲁迅说，有些线装明版或更早的版本，
原是从绍兴老家带出来的。一九二四年六月从八道湾搬到西三
条胡同定居的时候，鲁迅曾回去搬书，虽经周作人"殴打"拦
阻，终取书器而去（见一九二四年日记）。鲁迅死后，周作人
借口家人生活困难，把鲁迅所藏中、外文书籍整理出三册书
目，交由来薰阁向南方兜售。书目到南京，被敌伪某汉奸看
到，说全部都要。后来我在上海得知此事，托人借来书目一
观，大惊失色，觉为有意毁灭藏书，因急忙辗转托人买下全部

书籍。待上海买去全部藏书的消息传到周作人处，据说他又把书目列出的书，扣起一部分，仍照全书原价售卖，其自私之心，灼然可见。此藏书几乎未流入敌人之手致大量损失，亦云幸矣！

一九四六年日伪投降后，我曾来京一月，日日在西三条整理鲁迅藏书，一一重新包装好才去。其间，据看守的人说，因屋漏雨湿了书，曾经把漏湿的线装书拿到西四地摊上卖出。问是什么书，书有若干，也说不出。另外，在鲁迅住的老虎尾巴寝室，鲁迅不在京时，也被人借住过，他们随便拿鲁迅包藏好的《小说月报》等书观看。我整理书时，就看到原包已拆开，短了几册，不是鲁迅生前完整无缺的了。就此情况，深恐鲁迅亲笔文件难保，因将手抄的书及整理的汉魏六朝碑文墓志稿和被鼠咬坏的画纸带回上海（现都存博物馆）。计藏书经雨漏和借住的人丢弃，又短失了一部分。

后来，北京家中人先后逝世，国民党反动统治日益加厉，我不便回京料理，曾托刘清扬、吴昱恒等将鲁迅住过的北屋连同书籍贴了封条及加锁起来，不料住在南屋的阮和森竟从后门破开封条居住进去。待解放后在京检查存书时，发现一九三一年鲁迅从上海寄回之八箱书，有一箱半已失去了原书，另以赵㧑叔的《悲庵剩墨》线装书的空木箱填入，又把线装书盗去。失去的一箱半书中有不易觅得之期刊如《奔流》《萌芽》等，亦因此不完整了。我为了觅回不易找寻之书，曾经去信给阮家，一直未得到答复，这藏书又短少了一部分。

　　以上所说，是历来鲁迅藏书经过，几经波折，复遭人为地损毁。回想鲁迅生前视书如命的宝爱情况，能不令人深为叹息？文人的书，就如同武士的宝剑，时刻不能舍弃，因为借它画出敌人的奸邪，借它量度敌人的作恶程度。而且鲁迅藏书点滴得来不易，有为朋友馈赠可作纪念的，有为几十年的精力亲自陆续搜求的。他没有阔人延聘南北专人坐镇罗致善本的威力，仅凭个人足迹所及，即节衣缩食买来，如到厦门、广州、杭州，便即往书肆找寻，往往坊间绝迹之书，如广雅书局出版的杂著，亦必托人买来。未出北京前，每有日文图书，亦由书店挑选送到。在上海，月必大量添购书籍。在上海时蟫隐庐之书和中国书店之目录，固然以之仔细寻找其爱读物，即《嘉业堂丛书》不在上海出售，亦必辗转托人购置。其或属线装书因孤本难得，或因经济所限，一时未能购齐，则不惜亲自手抄或加意装订，都费去不少精力，阅之较坊间所出更觉精美，亦可见其珍爱藏书之一斑了。此外，法国出版的木刻版画，收到时发现有不全的，亦必再三托人向旧书肆高价搜求寄来。但国外过时的书，是不易觅得的，鲁迅藏书中居然能完整无缺地集成一套，确属不易。第二次世界大战后，闻法国亦无存此成套木刻书的了。又《城与年》插图本，曹靖华后来亦遍向苏联找寻不到，鲁迅藏书中却幸存一册，为中苏人民的友谊增一佳话。

　　所可惜的是：《鲁迅日记》第十一本（一九二二年）在日军占领上海时丢失了，当时日本宪兵队作为我犯罪的证件和我一同带去了一批《鲁迅日记》（原存保险箱内，因取出拟陆续抄出副本所致），待释放时一检查，即发现失去这十一年全年的一份日记，托人去寻，亦渺无音讯。文运遭劫，可为浩叹。还幸日军入我室时，三楼藏书被女工伪称该楼已租给别人了而未遭搜劫净尽。鲁迅在沪藏存的一大部分书籍得以留存下来，是不幸中之大幸了。

解放后，在党的领导下，文化部及鲁迅博物馆不遗余力，多方面向各界呼吁搜罗。热心这一事业的人士，多献出其珍藏有关鲁迅的手迹、书信、文稿。如书已流入私人之手，像赵万里存的一大批，亦经博物馆议价收回。

感谢党，只有在党的领导下，人民化私为公，各献所藏，才能使博物馆保存下丰富的文化遗产，公之于众。我相信，随着人民的社会主义思想逐步提高，流散在私人之手的鲁迅手稿、书信、图书必能逐渐集中起来，日臻完整，日益美善。今后在党的亲切关怀领导下，鲁迅的手迹和藏书一定会妥善地珍藏在鲁迅博物馆中，作为宝贵的革命文化遗产，垂之永久！

鲁迅如何对待祖国文化遗产

　　解放以后的几年来，我曾在一些读者的来信和一些同志谈话里，接触到许多有关鲁迅思想研究中的问题。今天，我只谈两点关于鲁迅对待祖国文化遗产的问题。

　　鲁迅对祖国文化遗产的态度，是大家都很清楚的，从文学方面来说，就曾写过《中国小说史略》，辑录过《小说旧闻钞》《古小说钩沉》《唐宋传奇集》《会稽郡故书杂集》，校过《嵇康集》，并想亲手编著一部《中国文学史》，因为当时忙于别的战斗任务，所以没有能够实现这个计划。从艺术方面来说，他不但自己收藏和辑录过汉画像、汉碑帖、六朝造像目录、六朝墓志目录，而且还大力扶持和培养木刻艺术者，关心连环图画，搜集中国旧书上的绣像和插图。除了书上和文学上的东西以外，他还注意搜集和研究过人民群众的各种口头创作。所有这些，难道还不足以证明他是祖国文化遗产的忠实继承者和发扬者吗？

当然，鲁迅认为这种继承，不能盲目地继承，必须批判地来吸收它的精华，抛弃它的糟粕，用鲁迅自己的话来说，就是"恰如吃用牛羊，吸其精粹，弃去蹄毛"。

但作为研究来说，他认为："我们想研究某一时代的文学，至少要知道作者的环境、经历和著作。"（《而已集·魏晋风度及文章与药及酒之关系》）又说："我总以为倘要论文，最好是顾及全篇，并且顾及作者的全人，以及他所处的社会状态，这才较为确凿。"（《且介亭杂文二集·"题未定"草（七）》）但是现在有些青年，他们看鲁迅的作品，不研究当时的社会历史状况，不去研究鲁迅的这一段话是针对什么情况而发，只是拿党和政府今天的政策，来和鲁迅那一时代的著作来硬套，不顾及鲁迅整个思想立场。如现在还有些人，看到鲁迅对京剧发表过一些议论，于是就怀疑鲁迅对祖国文化遗产的态度。关于鲁迅对京剧的态度，我曾经在一九五五年第九、十期《文艺报》上发表过一些意见。那里主要意思是说：京剧经过长期研究和逐步提高，音调动作有严格的规律，因而达到了高度的艺术水平，博得了无数观众的热爱，这一点鲁迅不会不晓得。但是，当时鲁迅为什么有意见呢？这是因为一些戏剧由民间搬上庙堂，被"朝廷"称赞，后来又在反动统治底下，被统治阶级和帮闲文人所糟蹋，已经脱离了人民艺术的要求，演员被他们任意侮辱和欺凌，这和今天加以整理过的"百花齐放"的新的人民艺术大不相同。鲁迅自己曾说，对艺术他是外行，但是不合理的现实，他是要批评的，对当时京剧仅提出几句话说：女人喜欢梅兰芳先生是因为他是"男人扮"，男人喜欢梅兰芳先生是因为他"扮女人"。这两句话表明鲁迅对反动统治阶级对待艺术的态度，作了深刻的揭露和无情的鞭打。但是有些同志只看鲁迅对京剧的有所议论，不看鲁迅对祖国其他文化遗产研究的努力；不顾及鲁迅先生著作全貌，只见鲁迅写了《论照像之类》，没有见他还写过《论"旧形式的采用"》；在同一本《花边文学》里面，他们也只见鲁迅写过《略论梅兰芳及其他》（上、下），没有见过鲁迅还写过《谁在没落》。而且就是在《略论梅兰芳及其他》上、下两篇文章中，他们也只是见鲁迅对京剧有些批评，但是并没有见鲁迅批评了京剧的什么。这些人抱着这种片面的看法，来观察和研究问题，就很容易把自己引到错误的道路上去的。

鲁迅非常反对这种片面引征、孤立论断的方法。他曾经说过："还有一样最能引读者入于迷途的，是'摘句'。它往往是衣裳上撕下来的一块绣花，经摘取者一吹嘘或附会……读者没有见过全体，便也被他弄得迷离惝恍。"在研究鲁迅对待文化的看法上，这一点也值得我们注意的。

除了京剧问题以外，我还想附带谈谈鲁迅对中医中药的问题。有些读者来信问我：鲁迅对中医中药的态度似乎是"否定"的，今天党和政府一方面提倡中医中药，一方面又要号召我们研究和学习鲁迅，我们应该如何来看待这个问题？

鲁迅对中医中药是不是完全"否定"了呢？并不尽然。他在《南腔北调集》的《经验》这篇文章中曾经谈到这个问题，在这篇文章中，鲁迅认为在中医中药中虽然也有一些"捕风捉影"的地方，但是更重要的是，他认为中医中药是历来许多无名氏经验的积累，它和建筑、烹饪、渔猎、耕种一样，从很早的时候起（并不是从封建社会起），就为我们服务，并不像有些人所说的它是"封建医学"。因此，如果把鲁迅对中医中药的态度，和现在某些人的错误观点拿来相提并论，我认为是不应该的。

鲁迅不但理论上有这样的认识，而且在实际生活中也这样相信。我记得他住在上海的时候，常常和周建人先生相见，兄弟俩在茶余饭后，总有一段时间的谈话，谈话内容，其中就会从植物学谈到《本草纲目》和其他中医中药方面治病见效的例子。因为鲁迅认为它积聚了几千年无数病例的经验，整理起来对人民健康有所帮助。他常常向周围的人称赞一种叫作"草头郎中"的医生，以为他们用几种简单的生草药给人治病，往往有非常好的效果。但是这些医药经验，因为没有得到重视，所以不能更大地发挥作用，或则因为年久失传因而根本湮没无闻了。

鲁迅对中医中药是否没有一点意见呢？单就《父亲的病》和《〈呐喊〉自序》中有关的几句说明一下。《父亲的病》这篇文章，可以说是他集中地批评了从前中医当中的某些缺点。在今天看来这些缺点也还是值得我们考虑的。比如有些人虽然大门上挂着"是乃仁术"的牌匾，但当别人，尤其是劳动人民请他们看病的时候，却要"出诊一元四角，特拔十元，深夜加倍，出城又加倍"，而且出门必须坐轿，进门必须烟酒招待，一定要人家毕恭毕敬，大有"请医如拜相"的味道。有些人医疗作风极不严肃，医疗道德极其不好，看到病人十分危急，便赶忙找一个生手来代替自己，以便给自己推卸责任。有些人用的药品，也很缺乏科学根据，冬天的芦根、经霜三年的甘蔗、结子的平地木、打破的旧鼓皮，这些东西对治水肿病究竟能起多大作用？还有更奇怪的是，蟋蟀被用来当作药品也就罢了，但是还注明一定要用"原配"，原配的蟋蟀与治水肿病有什么关系？这还不算，而且更甚的还有什么"医者，意也"的附会和"医能医病不能医命"的说教。所有这些很缺乏科学根据的东西，在后来学过科学的鲁迅回忆起来，能不给它一种批评吗？

研究鲁迅文学遗产的几个问题

这是在中华民国三十一年，应苏联友人①所提出的逐条问题的答复。虽然隔了几年再在中国的刊物上发表，但对于研究鲁迅先生著作的，或不无可资参考处。只因当时匆匆写就，急于送出，难免遗误，倘有读者予以指正，是非常感荷的。

一 先生所写的稿子，用铅印的全张报纸计算，共有几张？

全集字数共计约五百九十万（书信、日记不在内）到六百万字（计每页十三行，每行三十五字，每页共四百五十五字）。全集每部共一万三千零四页，计每部用纸连放头（白报纸）二百一十张（插图约四十余幅，系道林纸精印，不在内）。

二 先生名著是否有未发表的同文异稿？

没有。

---

① 指罗果夫，时任苏联塔斯社中国分社社长。

三　是否有未完成的稿子？是哪些？

辑录中国唐以前小说逸文的《古小说钩沉》，原意似乎是在每一卷之前（共三十六卷）有一序文，来说明这一卷小说是从哪里搜辑得来，别的书本有没有类似的记载，原著者略历，和鲁迅先生自己考证所得的意见等，体裁略似《会稽郡故书杂集》。但是因为屡次想付印都没有成功，同时因别方面的写作也抽不开时间来整理，所以至今印在全集的仅只是小说逸文的部分，这是很值得惋惜的。此外《汉文学史纲要》，虽为在厦门大学及中山大学的讲义稿，但只从中国古代有文字起至汉司马迁而中断了。乃是陆续就授课教材所需而执笔，后来中止教务，就没有继续写下去，但这志愿总时常在意识上浮起，而时代环境又不允许他丢开眼前急遽的社会现状的指示，因此从这书出发的《中国文学史》，先生预备以一年的时间给以完成的，终于没有继续下去。不过国学方面的参考资料如《四部丛刊续编》《二十五史》等书的购置，在他逝世前后还是不断地送到，就可以见先生始终没有忘记这一件工作。这是因为感觉到以他那现实主义者的眼光，写起中国文学史来，相信可以打破向来迂腐传统的习见，给后来研究文学者以一正确的指导。无如这一愿望终究成为画饼，这是每一个从事文学者知道都引以为憾的。最后，在先生临终前不久（一九三六年十月十七日）还在执笔写稿，压置在案头而没有写完的一篇短文是《因太炎先生而想起的二三事》，现收在《鲁迅全集》第六卷《且介亭杂文末编》中。此外，计划过而未完成的稿子当然还有不少，但因未曾动笔或是零碎材料，这就不细说了。

四　是否有未发表的或未完成的译稿？

先生大病后，自以为稍愈而急欲完成的译稿，是《死魂灵》第二部，但译至第三章发表在刊物里，呈于读者之前时，先生已不及披览而先逝去了。更早些时，曾译过西班牙巴罗哈作《山民牧唱》，陆续刊载于《译文》杂志，原计划不久出单行本。倘照日文译本看，还缺一篇未译，不知是未完成的呢，还是有意舍弃。至于未发表的译稿，照目前所知，大约是没有了。不过北京方面是否有旧译稿，因为时局关系，一时还不易去调查。

五　关于未曾保存的原稿，或是在出版所或检查处遗失的稿子，有所知悉否？

出版所对于原稿，大约在出书之后不久总陆续毁弃，除非原著者特别交涉退还，或偶有出版者另抄副本付印，如以前北平未名社对于先生著作是这样做，此外是没法得知原稿的去向的。最可惋惜的是未经发表过的中华民国元年至十四年的一包日记，在一九四一年十二月十五日随着笔者的被驻上海日本宪兵队拘捕而就在寓所搜去，待到两个半月之后释放，发还两大包书籍时，才晓得民国十一年先生的全年日记失去了。后来曾经辗转托人查询，终于没有结果，这是全部完整日记中失去了中间的一年，在研究鲁迅文学生涯上是一个不可补偿的损失。

六　先生的手稿是用什么方法保存的？是私人搜藏的，还是家属保存的？

有些是私人保存的，如通信，许多散存于各收信者的手里。大部分手稿是在上海，由家属保存，北京旧寓也许还有多少存在。

七　那些作品刊出时被检查官删除很多，这些被删作品的原稿是否保存着？

从一九三三年一月给《申报·自由谈》写杂感文起，平均每月写八九篇，到同年五月初，投稿竟接连地不能发表了。据先生自己想："这是因为其时讳言时事而我的文字却常不免涉及时事的缘故。"这些被删作品的原稿虽然没有保存，幸而已搜集在《伪自由书》里。从六月起，先生在《自由谈》的投稿六十多篇，就用种种的笔名应付了，"一面固然为了省事，一面也省得有人骂读者们不管文字，只看作者的署名"。于是许多作品得以刊出，自然还不免于被删改。这，据作者推想：有些是"改点句子，去些忌讳，文章却还能连接的处所，大约是出于编辑的，而胡乱删削，不管文气的接不接，语言的完不完的，便是钦定的文章"。直至一九三三年十一月初，对于被删改的文字，多由作者补上去，而且旁加黑点做标记，全都收在《准风月谈》里了。以后仍然继续用许多笔名（世界上文学家用笔名之多，恐怕先生亦是其中之一了，共有八十余个）投稿于各种刊物，颇能掩饰一时，得以登载出去，中间删改过的，都收在《花边文学》里。那时是一九三四年，检查官因为对于某种杂志疏于检查而出了毛病，"官家的书报检查处忽然不知所往"，因此出版界似乎倒得了一个喘息的机会。但是好景不长，在同一年里先生的作品（收在《且介亭杂文》里的）

仍旧不断被删改，我们只要翻开原著的附记，就很清楚地了解到那时检查官的界限是非常之宽泛，连对于求神拜佛略有不敬之语，都被删除；而描写里弄女工生活的小文，更全篇被抽去，这先被删改而后又盖了"抽去"二字印章的一篇《阿金》，经了好几个机关重又回到著作者之手，而成为仅得保存的底稿。因着不断地检查、压迫，先生每发表著作，后来多把副稿寄出，所以对于若干篇的被删除，得以从原稿补入在单行集子里。随后一九三五年写的《且介亭杂文二集》里，即有不谈国事的作品，只要猜想是先生执笔的，倘一经检查，也无一不被禁止。

八　先生是否有未发表的日记？是什么时期的？

先生的日记，是从民国元年五月五日起至民国二十五年十月十七日止，连续不断地记下来的。曾经在刊物上发表过的，不过两年多，其余大半是未发表的。

九　先生所收到的信，保存着很多吗？

并不多。每于写了回信之后就烧毁了，原因是怕牵累别人。

一〇　有没有苏联作家的信？

大约有的，不过没有留存，说不清楚了。

一一　其中是否有高尔基给鲁迅的信？

没有。

一二　先生和谁的通信最多？

先生是勤于写回信的，几乎是有来必往。但也难找出最多的是谁。在某个时期里，通信比较多的有数人，如因出版关系，在未名社有李霁野、台静农、曹靖华等；在应文学上的问话，与在东京留学时之韩侍桁；或忙于搜求木刻，向在德留学时之徐诗荃、在法留学时之季志仁等；而与李秉中、刘军等通信亦不少。不过谁是通信最多，未必就是始终都和先生意见一致。而与先生极关切的，反而不大通信，这是很有趣的一个情形。

一三　先生曾用外国文写过文章吗？用哪国文字？

曾用外国文写文章，但只限于日文。

一四　先生的手迹是怎样一种性质，很难辨认吗？

是用中国毛笔写在中国纸上，永远是极易辨认，涂改不大多，偶见字、句的修改罢了。

一五　先生是否在自己的手稿里画过图？这种图画的性质怎样？

仅只在《朝花夕拾》里画过插图《活无常》，这是神话传说里说人将死时阴间派来的勾魂使者。

一六　先生批改青年作家的稿子有什么特点？他对于原稿作怎样的修改？

在初学写作者，奖掖多于修改，比较宽容些，多方设法介绍登载。随后作品多了，一定随时警告他不可疏滥。如果真是不成熟的作品，实在无法修改了，就详细指出内容有怎样值得讨论之处而退回，倘使稍微可以勉强登载，无不设法的。如果是许多短篇集成的，可抽去的必定劝作者抽掉；其余可用的，总极力尊重作者意见，除了错字、句子欠顺稍加修改之外，大约总不去删削很多的。如果非多加修改不可，比较欢喜的是指出原稿的值得注意点，请作者自己去重新改正。但这并不是说他不肯尽力，他对于每一个青年请他批改稿子，只要答应下来，没有不是逐行逐字认真地看的。译稿则一定找原著来对照修改。比方是英文译稿，除了英文原本之外，再有其他国家译本可以参考，他更愿意周到些。设或还有怀疑之处，不是自己独力能够了解，他必定请教比他更高明的。总之，决不肯含糊了事。

一七　先生的翻译工作有什么特点？他是严格地直译原文呢，还是译意思？

他绝对反对译意思。他是赞成直译原文的。关于这，他有好多篇文章和那时主张译意思的人辩论过。我们只要翻开他的作品，在这方面发表意见的真不算少（见《准风月谈·为翻译辩护》）。他又赞成多翻译，至少与创作并重，因为普通人多看轻翻译的。他自己著作的全部分量，两者也是平衡的。原因是："我们的文化落后，无可讳言，创作力当然也不及洋鬼子，作品的比较的薄弱，是势所必至的，而且又不能不时时取法于外国。所以翻译和创作，应该一同提倡，决不可压抑了一面，使创作成为一时的骄子，反因纵容而脆弱起来。"（《南腔北调集·关于翻译》）翻译的内容，他是"主张青年也可以看看'帝国主义者'的作品的，这就是古语的所谓'知己知彼'"。但也应该注意时间性："我们也不能决定苏联的大学院就'不会为帝国主义作家作选集'。倘在十年以前，是决定不会的，这不但为物力所限，也为了要保护革命的婴儿，不能将滋养的、无益的、有害的食品都漫无区别地乱放在他前面。现在却可以了，婴儿已经长大，而且强壮、聪明起来，即使将鸦片或吗啡给他看，也没有什么大危险，但不消说，一面也必须有先觉者来指示，说吸了就会上瘾，而上瘾之后，就成一个废物，或者还是社会上的害虫。"而他又主张批评不要限制得太严："青年为了要看虎狼，赤手空拳地跑到深山里去固然是呆子，但因为虎狼可怕，连用铁栅围起来了的动物园里也不敢去，却也不能不说是一位可笑的愚人。有害的文学的铁栅是什么呢？批评家就是。"[《准风月谈·关于翻译（上）》] 有些批评家专门对译品找疵，甚至评到不值一顾，先生是请批评家用吃烂苹果的方法来救一救急，不要把有烂疤了的苹果一下子抛掉。因为在中国的出版界以及购买力都很贫弱的，"所以，我又希望刻苦的批评家来做剜烂苹果的工作，这正如'拾荒'一样，是很辛苦的，但也必要，而且大家有益的"[《准风月谈·关于翻译（下）》]。他不但赞成严格的直译，甚至别人指斥他的翻译为"硬译"，他也还不惜屡屡给人们以辩难。在《二心集》里有《"硬译"与"文学的阶级性"》，就是对那些公子哥儿们的嫌恶硬译理论的反驳。《二心集》里还有《几条"顺"的翻译》，则是对那些猖猖不休以意译为妙而其实有他们的精义是"与其信而不顺，不如顺而不信"的，直接指斥"译得'信而不顺'的至多不过看不懂，想一想也许能懂，译得顺而'不信'的却令人迷误，怎样想也不会懂，如果好像已经懂得，那么你正是入了迷途了"。接着还有一篇《风马牛》，一篇《再来一条"顺"的翻译》，那就完全拿他们自以为顺而其实使人迷糊的事实给以有力的打击。而先生自己对翻译的态度，在同书《关于翻译的通信》那回信里说："我是至今主张'宁信而不顺'的。自然，这所谓'不顺'，决不是说'跪下'要译作'跪在膝之上'，'天河'要译作'牛奶路'的意思，乃是说，不妨不像吃茶淘饭一样几口可以咽完，却必须费牙来嚼一嚼。这里就来了一个问题：为什么不完全中国化，给读者省些力气呢？这样费解，怎样还可以称为翻译呢？我的答案是：这也是译本。这样的译本，不但在输入新的内容，也在输入新的表现法。中国的文或话，法子实在太不精密了，作文的秘诀，是在避去熟字，删掉虚字，就是好文章，讲话的时候，也时时要词不达意，这就是话不够用，所以教员讲书，也必须借助于粉笔。这语法的不精密，就在证明思路的不精密，换一句话，就是脑筋有些糊涂。倘若永远用着糊涂话，即使读的时候，滔滔而下，但归根结底，所得的还是一个糊涂的影子。要医这病，我以为只好陆续吃一点苦，装进异样的句法去，古的、外省外府的、外国的，后来便可以据为己有。这并不是空想的事情。"这是先生对于吸收外来文化的一种极其尖锐进步的"拿来主义"。"没有拿来的，人不能自成为新人；没有拿来的，文艺不能自成为新文艺。"（《且介亭杂文·拿来主义》）此外对那不满意于间接翻译者的意见是：因"中国人所懂的外国文，恐怕是英文最多，日文次之，倘不重译，我们将只能看见许多英、美和日本的文学作品，不但没有伊卜生，没有伊本涅支，连极通行的安徒生的童话、塞万提斯的《唐·吉诃德》，也无从看见了。这是何等可怜的眼界。自然，中国未必没有精通丹麦、挪威、西班牙文字的人们，然而他们至今没有译，我们现在的所有，都是从英文重译的。连苏联的作品，也大抵是从英、法文重译的"（《花边文学·论重译》）。除了不反对重译之外，先生也还赞成复译："而且复译还不止是击退乱译而已，即使已有好译本，复译也还是必要的。曾有文言译本的，现在当改译白话，不必说了。即使先出的白话译本已很可观，但倘使后来的译者自己觉得可以译得更好，就不妨再来译一遍，无须客气，更不必管那些无聊的唠叨。取旧译的长处，再加上自己的新心得，这才会成功一种近于完全的定本。但因言语跟着时代的变化，将来还可以有新的复译本的，七八次何足为奇，何况中国其实也并没有译过七八次的作品。"（《且介亭杂文二集·非有复译不可》）要纠正胡乱动笔的译本，唯一的办法是又来一回复译。像赛跑一样，没有比较是不行的。

一八　在翻译时，先生用什么字典？

日常用的，有以下各种：

《Русско-Японскнй Словаръ》

日外村史郎编《ロシア语辞典》（铁塔书院版）

《广辞林》（文学博士金泽庄三郎编纂，东京株式会社三省堂发兑）

《藤井新独和辞书》（文学士藤井信吉编，东京金港堂书籍株式会社）

Sanseido's *New Concise English-Japanese Dictionary*

《新コンサイス英和辞典》（三省堂编辑所编纂）

《标准汉译外国人名地名表》（附汉文索引，西文译音总分各表，商务印书馆）

The Concise Universal Encyclopedia. Edited By J.A. Hammerton. Illustrated.

《文艺辞典》（创元社编）

《袖珍英和辞典》

《独和动词辞典》

《世界文艺大辞典》

《模范最新世界年表》（三省堂版）

《最新独和辞典》（有朋堂版）

这是就我所知道的，另外也许还有，因为不是手边常用，一时记不出了。或者临时托人借几本来用，更爱找活字典，那就是说：随时向精于某一国文字的人请教。

一九　他在翻译苏联文艺作品时，例如果戈理的《死魂灵》时，用什么字典？

除了上面所举出的字典外，也许还有别的，可惜一时查不出来，但他仍是不惜向精通俄文的人请教，如曹靖华先生，就是时常帮助他的。

二〇   哪些作品是先生生前出版，哪些是死后出的？

生前出版的：《坟》《呐喊》《野草》《热风》《彷徨》《朝花夕拾》《故事新编》《华盖集》《华盖集续编》《而已集》《三闲集》《二心集》《伪自由书》《南腔北调集》《准风月谈》《花边文学》《两地书》《集外集》《中国小说史略》。（辑录并考证的：《会稽郡故书杂集》《小说旧闻钞》《唐宋传奇集》。）

死后出版的：《且介亭杂文》《且介亭杂文二集》《且介亭杂文末编》《鲁迅书简》《集外集拾遗》《汉文学史纲要》。（辑录并考证的：《古小说钩沉》《嵇康集》。）

二一   先生自己怎样称呼他的笔名"鲁迅"，Lu Sin 还是 Lu Sün？

大约是 Lu Sin，他自己常爱缩写为 L.S.。

二二   在现代中国作家中，谁是被认为先生文学遗产及其手稿最优秀的通人？

先生文学造诣深而且广，是多方面的。要向现代中国作家去认，谁是他文学遗产及其手稿最优秀的通人，实在难以回答。在北京以前（一九二六年以前），许寿裳、李霁野、台静农诸先生比较接近；一九二六年以后，则曹靖华、茅盾等先生更了解他；而自到上海以后（一九二七年至一九三六年）的十年间，以冯雪峰比较可以算是他的通人。

二三   先生有没有他自己不愿发表的未发表的手稿？

并不打算发表的是日常生活的日记。写了原稿弃掉被家属收存的，有一篇用直入笔名写的《理有固然》，在一九四一年发表于《直入》刊物内。

二四　先生有没有写过诗?

写过语体的白话诗，更有数十首古体诗。

二五　先生对自己的作品手稿有没有什么遗嘱?

没有。

二六　先生所写作的一切，已经搜集到什么程度? 搜集先生手稿的困难在哪里?

大致搜集在《鲁迅全集》里，或许有私人保存原稿和许多通信，搜集到的遗札大约不过全部的小半或更少。原因是收信人愿意自己保藏，又兼战争关系，无法进行搜集。还有北京方面，或许有些零星稿件，也因时局关系，无法查检。